Q&A解説 憲法改正国民投票法

南部義典 [著]
NAMBU Yoshinori

現代人文社

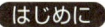

　2007（平成19）年5月14日、憲法改正国民投票法（日本国憲法の改正手続に関する法律）が、参院本会議で可決、成立しました。2010年5月18日に施行されます（一部規定を除く）。
　法案（原案）の提出から成立まで、約1年を要しました。
　これに先だつ2006（平成18）年5月26日、「日本国憲法の改正手続に関する法律案」（与党案）と「日本国憲法の改正及び国政における重要な問題に係る案件の発議手続及び国民投票に関する法律案」（民主党案）という二つの法案が衆議院に提出されました。両案は、国民投票の対象、投票権年齢、国民投票運動規制・罰則など、論点上いくつかの相違があったものの、法案の基本的構成と内容は9割以上が一致していました。
　幅広い合意にもとづく法律制定に向けて、衆議院憲法調査特別委員会における調査、法案審査が粘り強く続けられてきました。中山太郎委員長（自民）のもと、憲法改正に対する立場の相違を乗り越えた真摯な議論の成果と、欧州各国の視察から得られた様々な知見をベースにした、公正かつ中立なルールづくりが志向されたのです。
　両案は二度の閉会中審査を経ましたが（第164回通常国会、第165回臨時国会）、与党は最終的に、与党案と民主党案の双方を修正する「併合修正案」を提出しました（2007年3月27日）。
　併合修正案という議案形式が採用されたことにより、与党案、民主党案に関して示された立法者意思は有効に共存することとなりました。与党案提出者だけでなく、民主党案提出者の答弁内容も、両案の共通部分に関しては一定の解釈指針となるものです。
　したがって、本書では、今回成立した併合修正案の提出者だけでなく、民主党案提出者の答弁（立法者意思）も引用して解説しています。

＊

　2007年5月3日、日本国憲法は施行60年を迎えました。
　これまで憲法改正手続法制の要否についてさまざまな議論があった中、国民世論の後押しも受けながら、ようやく具体的なルールができあがったわけです。
　国民投票法の制定を機に、憲法を変えるべきか、または変えるべきではないのか、改正の是非をめぐって国民的な議論が活発になることは間違いありません。

ところで、憲法改正は、国会が一方的に行い、国民はそれに従うものだと考えていませんか？

それは間違いです。日本は国民主権の国です。憲法を制定したり、改正したりすることができる決定権限を持つのは、公権力ではなく、主権者である私たち国民なのです。

憲法96条1項後段によれば、国会が憲法改正の発議をした後には、国民投票が実施されることになっています（必要的国民投票。もっともドイツなど、憲法改正の際、国民投票を義務付けていない国もあります）。国会は憲法改正の発議をする権限しか与えられていません。憲法改正の発議しかできない国会議員が「まな板の上のコイ」に例えられることがあるのは、憲法改正の発議という政治行為が終局的、究極的に国民の判断（国民投票の結果）に拘束される運命にあるからです。

憲法改正権を行使する、つまり憲法改正に関して国民が最終的な意思決定をするための手続を具体的に定めた法律、これが国民投票法です。主権者である国民は国民投票を通じて、憲法の役割、民主主義の意義と一票の大切さを改めて実感することでしょう。

＊

本書は、国民投票法の全体構造、論点の所在と考え方、制定経緯など、Q&A形式で出来るだけ分かりやすくし、図解を採り入れるなどの工夫をしてあります。第1部から第3部までで構成されています。

「第1部　Q&A解説・憲法改正国民投票法」は、憲法改正の発議が行われ、国民投票が行われるまでの手続を、時系列的に論点整理し、Q&A形式でまとめました。

「第2部　憲法改正国民投票法の成立経緯」は、憲法の施行から今日に至るまで、国民投票法の制定に向けた法制化（論点整理）作業の経緯を整理しました。

「第3部　資料編」は、国民投票法の条文、附帯決議を掲載しています。

国民投票法の入門書として、これからの憲法議論の参考として、本書を有効に活用していただければ幸いです。

最後に、本書の企画段階から懇切、丁寧なご指導を頂いた現代人文社社長・成澤壽信さんに謹んで御礼を申し上げます。

2007年6月

南部義典

Q&A解説 憲法改正国民投票法 目次

はじめに　*i*

第1部　Q&A解説・憲法改正国民投票法

ステップ1　国民投票法の全体像

- Q1　憲法は何のためにあるの？……*3*
- Q2　憲法改正の手続はどうなっているの？……*7*
- Q3　憲法改正にはなぜ国民投票が必要なの？……*11*
- Q4　国民投票法の全体構造はどうなっているの？……*13*
- Q5　議員立法で法案が提出された理由は？……*15*
- Q6　憲法改正は全面改正方式？　それとも部分改正方式？……*19*
- Q7　憲法は例外なく改正をすることができるの？……*22*
- Q8　住民投票とは何が違うの？……*24*
- Q9　最高裁判事の国民審査とは何が違うの？……*28*

ステップ2　憲法改正原案の発議

- Q10　憲法改正原案は誰がつくるの？……*30*
- Q11　国民請願とはどんな制度？……*33*
- Q12　内閣は憲法改正原案を提出できるの？……*35*

ステップ3　国会審議

- Q13　憲法審査会はどんな組織？……*37*
- Q14　憲法審査会の審査はどのように行われるの？……*40*
- Q15　両院協議会はどういう場合に開かれるの？……*42*
- Q16　憲法改正の発議はどのように行われるの？……*44*
- Q17　「総議員」の数は何を基準にするの？……*46*

ステップ 4 国民投票広報協議会
- Q18　国民投票広報協議会の構成、議事手続は？ ……48
- Q19　国民投票広報協議会の事務内容は？ ……50
- Q20　「国民投票公報」の内容は？ ……52

ステップ 5 投票日
- Q21　衆院選挙や参院選挙の投票日と同じ日に行われるの？ ……56
- Q22　憲法改正の発議から投票日まで、どれだけの期間があるの？ ……58

ステップ 6 投票権
- Q23　投票権者の範囲は？ ……60
- Q24　投票権が認められない人はいるの？ ……63
- Q25　投票に関する原則とは？　例外は？ ……65
- Q26　投票人名簿はどのように作られるの？ ……67
- Q27　海外にいる日本人は投票できるの？ ……70

ステップ 7 国民投票運動
- Q28　国民投票運動って何？　選挙運動とは何が違うの？ ……75
- Q29　国民投票運動に一定の規制（罰則）があるのはどうして？ ……78

ステップ 8 運動主体に対する規制
- Q30　運動規制を受けるのは、どんな人？ ……80
- Q31　公務員や学校の先生は、国民投票運動ができるの？ ……83
- Q32　日本に住む外国人も国民投票運動ができるの？ ……87
- Q33　国会議員、政府も国民投票運動を行ってもいいの？ ……89

ステップ 9 メディア・広告規制
- Q34　メディアにはどんな役割が期待されているの？ ……91
- Q35　メディア規制はあるの？ ……93
- Q36　スポットCMが一定期間規制されるのはどうして？ ……96

ステップ 10　運動内容・費用に対する規制
Q 37　戸別訪問、ホームページの開設などは自由なの？ …… 99
Q 38　運動費用には、上限があるの？ …… 101

ステップ 11　罰 則
Q 39　買収はなぜ禁止されるの？ 利害誘導罪とは？ …… 103
Q 40　投票の自由・平穏を害する罪って何？ …… 107
Q 41　投票手続に関する罪って何？ …… 110

ステップ 12　運動に対する財政支援
Q 42　政党には公費が助成されるの？ …… 113

ステップ 13　投票と開票
Q 43　投票は一括方式？ 個別方式？ …… 115
Q 44　投票用紙の様式は？ …… 117
Q 45　「過半数の承認」とは何を基準に考えるの？ …… 119
Q 46　投票用紙への賛否の記載方法は？ …… 122
Q 47　憲法改正案は投票所に掲示されるの？ …… 124
Q 48　期日前投票は認められるの？ …… 125
Q 49　不在者投票は認められるの？ …… 127
Q 50　開票、集計手続はどのように行われるの？ …… 130

ステップ 14　国民投票の結果
Q 51　投票率が低くても、国民投票は成立するの？ …… 133
Q 52　賛成が過半数に達しなかったらどうなるの？ …… 137

ステップ 15　国民投票無効訴訟
Q 53　国民投票が無効だと、裁判で訴えることもできるの？ …… 140
Q 54　訴えの提起はなぜ東京高裁に限られるの？ …… 142
Q 55　「効果発生停止手続」とはどんな制度なの？ …… 143
Q 56　無効判決が出た場合、結果はどうなるの？ …… 145

ステップ 16　国民投票のこれから
Q57　憲法改正以外の「一般的国民投票」は実施されるの？……147
Q58　成人年齢はすべて18歳に引き下げられるの？……151
Q59　国民投票には、どれくらいの費用がかかるの？……155
Q60　国民投票はいつ、どんなテーマで行われるの？……157

第2部　憲法改正国民投票法の成立経緯

1　国会での議論……161
2　民間からの意見……168

憲法改正国民投票法法制化のあゆみ
1　憲法改正国民投票法法制化の年表……170
2　憲法改正国民投票法に関する国会の動き……172

第3部　資料編

憲法改正国民投票法
（日本国憲法の改正手続に関する法律・平成19年法律第51号）……184
日本国憲法の改正手続に関する法律案に対する附帯決議
（2007年5月11日、参議院日本国憲法に関する調査特別委員会）……221

凡　例

1　本書では、法令名の通称・略称を使用しています。
　（例）
　国民投票法………**日本国憲法の改正手続に関する法律**
　公選法……………**公職選挙法**

2　条文を本文中引用する場合、法令名（略称）と条文番号を記しています。

3　国民投票法、公選法においては、市に関する規定は、特別区に適用されます。したがって、条文上は市町村とされていても、文中断りなく市区町村と改めています。

4　委員会名は、以下のように略称を使用しています。
　衆院憲法特委……**衆議院憲法調査特別委員会**
　衆院憲法特小委…**日本国憲法の改正手続に関する法律案等審査小委員会**
　参院憲法特委……**参議院憲法調査特別委員会**

5　立法者意思をできるだけ具体的に示すため、法案審査における法律案提出者の答弁（発言）を中心に引用しています。

第1部

Q&A解説・憲法改正国民投票法

憲法は何のためにあるの？

条　文

憲法98条

ポイント

　実質的意味の憲法と、形式的意味の憲法という概念を確認しましょう。
　実質的意味の憲法は、「国のかたち」を形成する法規範のすべてを指します（憲法の内容面）。形式的意味の憲法は、日本国憲法というタイトルで存在する法規範です（憲法の存在面）。公権力を拘束しその濫用を防止することで、個人の尊厳と自由を保障するために存在しています（立憲的意味の憲法）。

解　説

●憲法の多義性

　憲法は、国の最高規範とされますが（憲法98条1項）、憲法とはそもそも何なのか、何のために存在するのか、確認しておきましょう。

　まず、憲法とは「日本国憲法」だけを指すのではありません。

　憲法とは、多義的な概念です。英語で Constitution といえば、憲法のほか、国家構造、政体、国体などの意味もあります。いわば国のかたちです[*1]。

　憲法がどのような内容を有しているかという問題と、憲法がどのような形式で存在しているかという問題は学問上、明確に区別されるべきものとされてきました。

　内容に着目した場合の憲法を、**実質的意味の憲法**（実質憲法）といいます。

　実質憲法は、①政府のあり方など国家統治の基本を定め（固有の意味の憲法）、②政治権力の専断的な行使を制限し、個人の尊厳（自由）確保を究極の目的

[*1] 佐藤幸治「憲法と『国のかたち』」会計検査研究No.25（会計検査院、2002年）。この中で佐藤教授は「『Constitution』の訳は『国のかたち』という表現こそ最も適切かもしれないと思う」と述べています。

としています（立憲的意味の憲法）。

　内容に着目していますので、憲法という形式である必要はありません。条約、法律、規則、条例という形式で存在する法規範も、①②に係る内容を有していれば、実質憲法に含まれます。例えば、①については国会法、内閣法、裁判所法、地方自治法など、②については国際人権規約、個人情報保護法などが挙げられます[*2]。民主党「憲法提言」でいう憲法とは、実質憲法を指しています[*3]。

　「存在形式」に着目した場合の憲法を、**形式的意味の憲法**（形式憲法＝憲法典＝日本国憲法）といいます。巷で使われる憲法とは、ほとんど形式憲法のことです。例えば、「5月3日の憲法記念日」、「自民党の新憲法草案」、「司法試験や公務員試験では憲法が試験科目である」、「イギリスには憲法が無い」、「あなたは改憲派ですか護憲派ですか？」、「集団的自衛権の行使は憲法違反である」など、これらの用語使いはすべて「日本国憲法」を指しています。もちろん、憲法改正国民投票といわれる場合の憲法もそうです。

　実質憲法と形式憲法の関係は、内容面と存在面という次元の中で理解しなければなりません。まず「内容」を決めてから、これに対応した「存在形式」を考えるのが、常識的な思考ではないかと思います。実質憲法の議論があって、形式憲法の議論が成り立つという関係です。

　実質憲法の内容を成文化する場合には、まず形式憲法の中に編入されるのが通常ですが、すべての内容を編入することは現実的に困難です。国のかたちが時代環境によって、漸進的にも急進的にも変わりうるという前提に立てば、国のかたちを形成する法規範をすべて憲法典に取り込むことはできません（この意味で、実質憲法は多様な法源から成り立っています）。成文憲法として憲法典が、硬性憲法としての性格を有しているとなると、国のかたちの実体（現実）と規範との間の乖離が大きくなります[*4]。

　実体（現実）と規範との乖離は、通常の憲法改正手続によらない、いわゆ

[*2] 野中俊彦、中村睦男、高橋和之、高見勝利『憲法Ⅰ［第3版］』（有斐閣、2001年）8～9頁。
[*3] 衆院憲法特委（2006年3月9日）における、枝野幸男委員（民主）の発言参照。
[*4] 憲法改正には、通常の法律改正よりも厳格な手続が置かれています。

る**解釈改憲**によってより深刻な事態となります。解釈改憲をすればするほど、憲法という最高規範・制限規範は空洞化していきます。

解釈改憲を否定する立場は、違憲状態にある現実は憲法解釈上承認されえないとして、正規の憲法改正手続を経て、新しい憲法規範について、国民の承認を得るべきであると、正面から主張します（→Q52）。

実質憲法と形式憲法を区別する実益としては、日本の場合、形式憲法の改正には必要的かつ拘束的な国民投票が予定されている（憲法96条1項）のに対し、実質憲法（を構成する法規範）の改正にはそれが必要とされないということです。

●憲法の本質

日本国憲法は、実質憲法の原理的、根源的な内容を盛り込んだ、国の最高法規です。憲法に反する法規範は無効です（憲法98条1項）。

法の支配の理念の下、公権力の濫用を可及的に防止し、個人の尊厳（自由）を確保することに、日本国憲法の本質があります。形式憲法を制定し、改正する権利は国民が享有していますが（→Q3）、これは、いわば国民の側が公権力の側に対して、権力行使を制限することに他なりません。

日本国憲法が最高法規であるからといって、公権力を拘束するという本質に合致しない内容を憲法に盛り込むことは背理です。

例えば、刑法199条は「人を殺した者は、死刑又は無期若しくは5年以上の懲役に処する」（殺人罪）と規定しています。「人を殺してはいけない」ということは文明社会の道理として当然のことですが、「人を殺すな」という禁止命題は、国家から国民に対して向けられているものです。

また、民法1条2項は「権利の行使及び義務の履行は、信義に従い誠実に行わなければならない」と規定しています。この信義誠実の原則（信義則）

---

*5 解釈学的意味の憲法変遷といいます。一般に、成文憲法の規範的内容と現実の憲法状態との乖離を前提にした上で、もとの規範内容に代わって新しい憲法規範が成立していることと説明されます（→Q52）。
*6 今井一『「憲法九条」国民投票』（集英社、2003年）19頁。
*7 例えば、皇位の世襲は憲法事項なので、その改正には国民投票を要しますが、女性・女系天皇の皇位継承権については法律事項なので（皇室典範）、改正には国民投票を要しません。

は、契約社会の一般準則として重要ではありますが、この条項は私人間の契約に適用されるものであり、安易に国家が介入すべき分野ではありません。

したがって、これらは法律として、国会が国民に対して示し、国民（あるいは市民社会）を拘束するものです。

道徳、マナー、常識なども、憲法に書き入れる内容ではありません。行為規範として個人の行動を規律することは、憲法の本質ではないからです。

● 憲法改正論議の留意点

実質憲法と形式憲法の区別を踏まえることが出発点です。その上で形式憲法の本質を見失わないよう、憲法を変えるのか、変えないのかを議論する思考順序が基本であるべきです。

問題提起と結論が論理的につながらない議論は言うに及ばず、形式憲法と実質憲法のどちらが対象なのか不明な議論（結局のところ自説の立ち位置を見失いがちになる）は、堂々巡りになります。憲法論議をかえって停滞させる原因です。

いま、国民各人が**憲法の二つの意味**を再確認し、憲法論議の新しいステージを築く時にきていると思います。

憲法改正の手続はどうなっているの?

条文

憲法96条

ポイント

憲法改正手続は、①国会における憲法改正原案の起草、審査及び発議⇒②憲法改正案に対する賛否キャンペーンの展開⇒③国民投票(過半数の承認)⇒④天皇による公布という流れになります。

解説

● **憲法上の規定**

学説上、憲法改正とは、憲法所定の手続に従い、憲法典中の個別条項につき、削除・修正・追加を行うことにより、または、新たなる条項を加えて憲法典を増補することにより、意識的・形式的に憲法の変改をなすことと定義されています[*1]。

難しい定義ですが、憲法所定の手続とは何かを確認しておきましょう。

憲法改正の手続について、憲法96条は以下のように規定しています。

[1項] この憲法の改正は、各議院の総議員の3分の2以上の賛成で、国会が、これを発議し、国民に提案してその承認を経なければならない。この承認には、特別の国民投票又は国会の定める選挙の際行はれる投票において、その過半数の賛成を必要とする。

[2項] 憲法改正について前項の承認を経たときは、天皇は、国民の名で、この憲法と一体を成すものとして、直ちにこれを公布する。

---

*1 佐藤幸治『憲法[第3版]』(青林書院、1995年)34頁。

憲法96条は解釈上、幅のある規定です。総議員とは何か、過半数とは何かなど、条文を読む限りでは、解釈は一義的に決められません。

したがって、まず一定の**憲法解釈**を前提として、制度設計を行う必要があります。

例えば、過半数とは、有権者総数、投票総数、有効投票総数のいずれかを基準（分母）とするかで考え方が分かれます（棄権票や無効票の取扱いが異なります）。国民投票法は、**投票総数**を基準にする考え方を採っています（→Q45）。

●憲法改正手続の流れ

憲法の条文、文言をどのように変えるのかを議論し、憲法改正原案を作成すること、まずここから手続が始まります。

通常は、［パターンA］のように、**合同審査会が原案の大綱・骨子**を作成し、それを両院の憲法審査会（→Q13）に勧告し、どちらかの憲法審査会長が憲法改正原案を提出することから始まると想定されます。合同審査会の内部もしくは別機関として、両院合同起草委員会（仮称）を設け、原案を起草し、両院の憲法審査会に勧告するという考え方も示されています（→Q13）。両院合同起草委員会（仮称）の位置付けを国会法上明確にすべきであると私は提案しています[*2]。

［パターンB］は、**議員が憲法改正原案を発議する場合**です（→Q10）。

甲院の議員が憲法改正原案を発議した場合、甲院憲法審査会で審査が行われます。原案が可決されると、甲院本会議で3分の2以上の賛成（→Q16）があれば、乙院に送付され、同様の審査・審議手続を経ます。乙院本会議で可決された段階で、憲法改正の発議があったとみなされます[*3]。議決が一致しなければ、両院協議会（→Q15）が開かれることもあります。

発議に至るまでの一連の審査・審議手続につき、衆院の優越は認められていません。予算案のように衆院に先議権が認められるわけではありません。

一つの憲法改正原案を同時並行的に、衆参両院で審査することはできない

---

*2 参院憲法特委・さいたま地方公聴会（2007年5月10日）における拙論参照。
*3 憲法改正の発議と同時に「国民に提案」したものとみなされます（通説）。したがって、国民に提案するために、別段の行為は必要とされません（→Q16）。

憲法改正手続の流れ

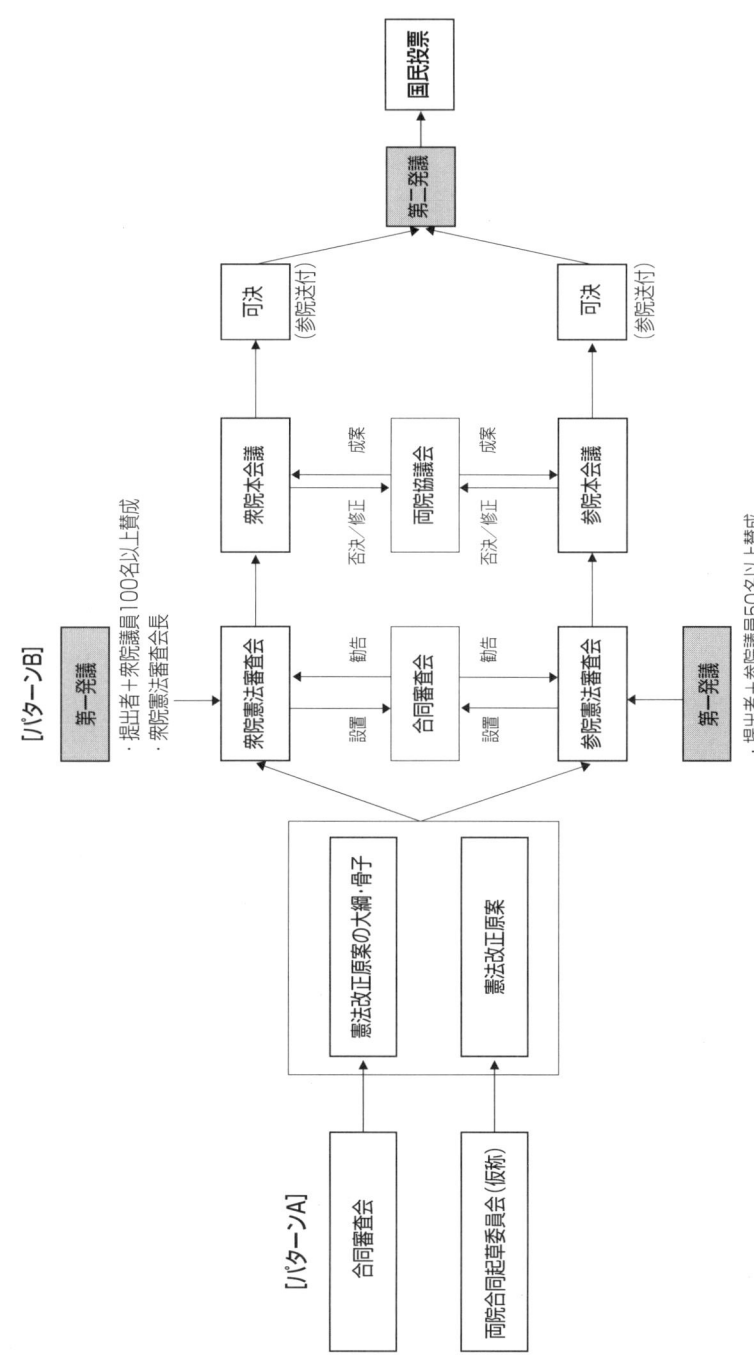

＊第一発議とは、憲法改正原案の発議（国会法68条の2、68条の3、102条の7第2項）を、第二発議とは、憲法改正の発議（憲法96条1項前段、国会法68条の6、102条の11）を指す。

ステップ1　国民投票法の全体像　｜　9

と解されます。[*4]

　憲法改正の発議が行われた後、国民投票の期日が確定し、国民投票が実施されることになります。国会に新たに設置される**国民投票広報協議会**（→Q18）が憲法改正案の周知・広報を行うなど、PR活動を行います。この間、憲法改正に対する賛成・反対の両派を中心に、各地での集会の開催、メディアやインターネットなどを通じての国民投票キャンペーンが全国民レベルで展開されます。

　国民投票の結果、**過半数の承認**（→Q45）が得られれば、憲法改正が成立します。

　国民投票の結果は、官報で告示され、内閣総理大臣から両議院の議長に通知が行われます（国民投票法98条2項3項）。

● 「この憲法と一体を成すものとして」の解釈

　過半数の承認が得られた場合、天皇が「国民の名で、この憲法と一体を成すものとして、直ちに公布する」（憲法96条2項）とされています。「憲法改正を公布すること」は、天皇の国事行為の一つです（憲法7条1号）。

　天皇が**国民の名**で公布することの法的意味が問題となりますが、これは、憲法改正が主権者としての国民の意思によって行われたことを明確にするために、あえて規定されたものだと説明されています。

　この憲法と一体を成すものとしてという文言も、これをどう解釈するかによって、憲法改正の方式をどう考えるか（全面改正は可能かどうか、加憲という憲法改正方式の実質的根拠となりうるか）という論点につながっていきます（→Q6）。

　公布時期については**直ちに**と規定するだけで、具体的に示されていません。

　この点、国会で成立した法律の公布時期については、奏上の日から30日以内とされていますが、法律の公布の場合の**30日より短い期間**で公布されるべきだという学説もあります。[*5]

[*4] 参院憲法特委（2007年5月9日）における、赤松正雄・併合修正案提出者（公明）の答弁参照。
[*5] 国会法66条は、「法律は、奏上の日から30日以内にこれを公布しなければならない」と規定しています（法律公布の期限）。両議院の先例により、奏上は議決の当日に行われます。

憲法改正にはなぜ国民投票が必要なの？

条文

憲法1条、96条

ポイント

憲法制定権、憲法改正権が国民に存するという国民主権の原理に由来しています。憲法は必要的国民投票制を採用しています。

解説

● 憲法は必要的国民投票制を採用

憲法96条1項後段は「特別の国民投票又は国会の定める選挙の際行はれる投票」と規定し、憲法改正手続上、**必ず国民投票が実施される**ことを定めています。

憲法改正国民投票の開始手続は**強制的**であり、その法的効力は**確定的**なものです[*1]。国民投票の手続を省略することは、現行憲法下では認められません。

国会がもし、憲法改正の最終決定権を有しているとすれば、憲法改正案に関して衆参両院の議決があれば即、憲法改正「成立」となるはずであり、国民投票は不必要ということになりましょう。

憲法改正には国民投票が必要とされているのは、**国民主権の原理**から導かれます。

憲法は、国民主権の原理に則っています。前文一段は「……ここに主権が国民に存することを宣言し」、憲法1条は天皇の象徴たる地位について「主権の存する日本国民の総意に基く」と規定しています。

国民が主権者として行使する権利の代表的なものは選挙権（憲法15条3項、

---

*1「国民投票制度に関する基礎的資料（衆憲資第59号）」3頁。

93条2項）ですが、選挙は議員や首長を選定する行為にすぎません。憲法は選挙権よりも重要な権利として、**憲法を改正する権利**を位置づけているのです（国民主権の権力的契機といいます）。

●**国民投票は省略できるか**
　現行憲法上、国民投票を省略して憲法改正を行うことは許されませんが、憲法96条を改正して、国民投票を省略することは可能でしょうか。
　この点、「衆参両院の3分の2以上で賛成した場合には国民投票を要しない、但し、国民の権利及び義務（憲法第3章）に係る改正については、国民投票を要する」との見解もあります[*2]。
　しかし、国民投票の手続を省略することは、主権者としての権利行使の機会を奪うものであり、憲法改正の限界（→Q7）を超えると考えます。

＊2『衆議院憲法調査会報告書』（衆議院憲法調査会、2005年4月）446頁。

国民投票法の全体構造はどうなっているの?

条　文

> **ポイント**
>
> 国民投票法は、6つの章と附則からなります。第6章は国会法の改正部分です。

解　説

●**国民投票法の章立て**

　国民投票法の章立ては表（次頁）のとおりです。6つの章と附則、本則151の条文からなります。

●**国会法の改正も含む**

　国民投票法151条は、国会法の一部改正を規定しています（条文は第3部資料編を参照のこと）。憲法改正原案の発議と審査に関する規定、憲法審査会に関する規定、合同審査会及び両院協議会に関する規定などが含まれています。

　国会法の一部改正を含めているのは、合理的な根拠に基づいています。

　国会法の改正は、院内の組織及び議事手続を所掌する衆参両院の議院運営委員会において審査されることが通常と考えられますが、**憲法96条1項前段**、すなわち国会が憲法改正案を発議するまでの手続が、その後の国民投票の実施（同条1項後段、2項）と密接に結びついている（例えば、個別投票という国民投票法制上のルールを担保するために、原案の提出、発議の段階から「内容関連事

＊1　憲法調査推進議員連盟案（2001年11月）は、「日本国憲法改正国民投票法案」と「国会法の一部を改正する法律案」とを別途起草し、後者は議院運営委員会で審査することが想定されていました。

ステップ1　国民投票法の全体像

国民投票法の章立て

【第1章　総則】（1条）
【第2章　国民投票の実施】
　第1節　総則（2条～10条）
　第2節　国民投票広報協議会及び国民投票に関する周知（11条～19条）
　第3節　投票人名簿（20条～32条）
　第4節　在外投票人名簿（33条～46条）
　第5節　投票及び開票（47条～88条）
　第6節　国民投票分会及び国民投票会（89条～99条）
　第7節　国民投票運動（100条～108条）
　第8節　罰則（109条～125条）
【第3章　国民投票の効果】（126条）
【第4章　国民投票無効の訴訟等】
　第1節　国民投票無効の訴訟（127条～134条）
　第2節　再投票及び更正決定（135条）
【第5章　補則】（136条～150条）
【第6章　憲法改正の発議のための国会法の一部改正】（151条）
【附則】

項」を一つの議案として扱うことが挙げられます。詳しくは→Q10、Q16、Q43）ことから、（憲法改正手続の全体を定める）国民投票法として一本化されたのです。[*2]

この点、法律の呼称の問題として、国民投票法ではなく憲法改正手続法が正当であるとの見解もあります。[*3]

[*2] 衆院憲法特委（2006年3月9日）における、枝野幸男委員（民主）の発言参照。「この国民投票制度は、国会における憲法改正発議ルールと一体的に議論をされ、一体的に整備をされなければ意味がない」と、指摘しています。

[*3] 衆院憲法特委（2007年3月29日）における、平岡秀夫委員（民主）の発言参照。

議員立法で法案が提出された理由は?

条　文

国会法50条の2、56条、内閣法5条

ポイント

2006年5月26日、自民、公明両党の与党案と民主党案が衆院に提出されました。委員長提出の形式をとらないで、議員提出法案として委員会の十分な審査時間を確保する配慮がなされました。[*1]

解　説

● 法律の性質上、政府提出はなじまない

憲法上、立法権は国会に属することとされていますが（憲法41条）、内閣にも法律案提出権を認めてよいかどうか議論があります。

内閣の法律案提出権（内閣法5条）を一般的に肯定すれば、国民投票法案もその例外ではなく、内閣が提出する権限があるように考えられます。また、総務省設置法4条41号は、総務省の所掌事務として**日本国憲法改正の国民の承認に係る投票に関すること**、と規定しています。このように形式的にみれば、内閣に国民投票法案の提出権限があるともいえそうです。

また、憲法改正には総議員の3分の2以上という院内多数派コンセンサスを得るための政治的努力が常につきまといますが、法律改正は**出席議員の過半数**（憲法56条2項）という議決要件を与党会派だけでクリアすればいいので、議院内閣制の下では現実性のない話ではありません。

しかし、実質的にみれば、憲法改正発議をするかどうかの政治的判断をするのは、発議機関たる**国会**（憲法96条1項）です。国会が発議し、国会に設置される国民投票広報協議会（国民投票法11条以下）が国民投票事務の主要を取

---

*1 国会法と議院規則においては、議員の行う議案の提議を「発議」といいます。議員以外の者が議案を提議することを「提出」といいます。

法律案提出者一覧

○**与党案**　2006年5月26日提出（第164回通常国会・衆法第30号）
　保岡　興治（やすおか　おきはる）
　船田　元（ふなだ　はじめ）
　葉梨　康弘（はなし　やすひろ）
　加藤　勝信（かとう　かつのぶ）
　斉藤　鉄夫（さいとう　てつお）
　赤松　正雄（あかまつ　まさお）　※2006年10月27日より

○**民主党案**　2006年5月26日提出（第164回通常国会・衆法第31号）
　枝野　幸男（えだの　ゆきお）
　鈴木　克昌（すずき　かつまさ）
　園田　康博（そのだ　やすひろ）
　小川　淳也（おがわ　じゅんや）

◎**併合修正案**　2007年3月27日提出（第166回通常国会）　今回、成立した法案
　保岡　興治（やすおか　おきはる）
　船田　元（ふなだ　はじめ）
　葉梨　康弘（はなし　やすひろ）
　赤松　正雄（あかまつ　まさお）

○**民主修正案**　2007年4月10日提出（第166回通常国会）
　枝野　幸男（えだの　ゆきお）
　鈴木　克昌（すずき　かつまさ）
　園田　康博（そのだ　やすひろ）

○**参院民主案**　2007年5月8日提出（第166回通常国会・参法第5号）
　小川　敏夫（おがわ　としお）
　千葉　景子（ちば　けいこ）
　小林　正夫（こばやし　まさお）
　津田　弥太郎（つだ　やたろう）
　藤末　健三（ふじすえ　けんぞう）

り扱うというスキームとなっていますし、国民投票法の所管が、衆参両院の憲法審査会にあるとされた（国民投票法151条、国会法102条の6）ことからしても、内閣が関与すること自体、想定の範囲外といえましょう。[*2]

　内閣は国会法の改正をなしえない以上（逆に国会は、「唯一の立法機関」ですか

ら、内閣法、裁判所法の改正ができるのは当然のことです)、内閣法等関連法の改正がなされない限り、この法律を改正する権限もないことを確認しておきたいと思います。

● 委員会審査・審議の確保

　議員立法といっても、**議員が法案を「発議」する場合**(国会法56条1項)と、**委員長が委員会という機関を代表して法案を「提出」する場合**があります(同法50条の2第1項)。

　とくに委員長提出法案は、所管事項の調査の結果として提出されます。調査の結果として提出されるため、委員会審査は省略され、直ちに本会議に付されることになります。[*3] 委員長提出は全会派一致であることが通例ですが、最近は反対会派がある場合でも、委員長提出による場合があります。

　国民投票法は委員長提出ではありません。もともと、2006年5月26日に与党案と民主党案が別々の議案として発議され、2007年3月27日、与党が与党案と民主党案を併合した修正案を提出するという経過をたどっています。

　なお、**併合修正案**[*4]という議案の形式が採られたことには理由があります。

　国民投票法制の整備は幅広い院内合意に基づいて成立を期する案件です。[*5] 通常の法律案の審査、議決のように、多数決原理(憲法56条2項)に従って、採決が行われたとしたら、従前から示されている民主党案提出者の立法者意思を無にすることになってしまいます。あくまで、民主党案の修正も含意す

---

*2 枝野幸男・民主党憲法調査会長談話「憲法改正国民投票法案の制定について」(2005年12月5日)は、「(国民投票法案は)本質的に議員立法が望ましい法制」として、内閣提出が検討された当時の動きを批判しています。
*3 衆議院先例233参照。
*4 併合修正案とは、「共通事項のある複数の議案を修正の対象として、それらを一本化した上で、異なっている部分についてはいずれかの議案の内容を採択するなどとする修正の方法」です。衆院憲法特委(2007年3月29日)における、保岡興治・併合修正案提出者(自民)の答弁参照。
*5 衆院憲法特委(2006年2月23日)における、保岡興治委員(自民)の発言参照。「……現在、私どもが調査、立案中の憲法改正国民投票は、まさしくそのためのルールづくりの作業なのであります。したがって、憲法改正案本体の議論と同様に、与野党を超えた超党派による真摯な協議、合意に基づく各会派共同提案の議員立法として早急にこれを成立させることが必要であると考えております」と述べています。

衆参両院における法制調査、法案審査の時間

	衆院	参院
第163回特別国会 （2005年9月21日～11月1日）	16時間21分	5時間08分
第164回通常国会 （2006年1月20日～6月18日）	25時間49分	4時間01分
※理事懇談会における論点整理 （2006年3月31日～5月18日）	9時間24分	—
第165回臨時国会 （2006年9月26日～12月19日）	36時間48分	0時間01分
第166回通常国会 （2007年1月25日～）	6時間12分	42時間13分
中央公聴会	11時間36分	—
地方公聴会	4時間17分	12時間12分
計	110時間27分	63時間35分

※2007年5月18日現在。本会議を除く。

ることにより、限りなく「共同提案・共同修正」に近い議員立法と評価できます。

　2005年9月に召集された第163回特別国会以降、衆参両院で国民投票法制に関する調査、法案審査と審議が重ねられてきました。衆参両院の特別委員会で調査、審査に要した総時間数は、衆院で110時間27分（理事懇談会の論点整理（7回）の時間を含む）、参院で63時間35分に上ります[*6]。

　これは反対会派の意見陳述・質疑の機会を十分確保するとともに、国民投票法案の内容に対する国民の知る権利に応えたものと評価できます。

[*6] 厳密には、法案に直接関係しない議案審査、速記中止の時間、地方公聴会報告の時間などが含まれています。

憲法改正は全面改正方式？
それとも部分改正方式？

条　文

憲法96条2項

ポイント

憲法は「部分改正方式」を想定していると考えられます。
憲法改正方式は、憲法改正の発議がどのような内容で行われるかということに帰着します。

解　説

●**憲法改正の方式**

憲法改正の方式について、憲法上特段の定めはありません。

憲法改正には、憲法典のすべて（前文と全条文）を改める**全面改正方式**と、憲法典の一部を改める**部分改正方式**（逐条改正方式）の、2つの方式があります。

部分改正方式はさらに、条文の文言を上書きし書き換える**書換改訂方式**（溶け込み方式）と、条文は現在のままで、修正部分を増補する**修正条項方式**[*1]（加憲方式）に分けられます。

憲法改正の方式

```
          ┌ 全面改正方式
          │                ┌ 書換改訂方式（溶け込み方式）
          └ 部分改正方式 ──┤
                           └ 修正条項方式（加憲方式）
```

*1　憲法96条1項「この憲法の改正は」の原文は、Amendment to this Constitution となっています。Amendment とは、アメリカ合衆国憲法修正条項の意味です。

現行憲法は、少なくとも**全面改正方式は予定していない**と考えられます。

なぜなら、憲法96条2項「この憲法と一体を成すものとして」との文言を忠実に解釈すれば、すべての内容が改正された憲法典は、原典と一体をなすとはいえないからです（→Q2）。[*2]

全面改正は憲法改正ではなく、むしろ**新憲法の制定**（革命行為に等しい）だとの意見[*3]や、そもそも全面改正の発議は、国会内の合意形成の可能性が乏しいことを指摘する意見もあります。

● 書換改訂方式か、修正条項方式か

全面改正方式を採りえないとしても、部分改正方式の具体的な中身が問題です。

書換改訂方式は、法令改正（○○法の一部を改正する法律等）で通常使われている方式です。

【書換改訂方式の例】

改正前 何人も、Aという権利を有する。
改正後 すべて国民は、Aという権利を有する。

改正前の「何人も」という文言が、「すべて国民は」という文言に上書きされているイメージです。「すべて国民は」という文言が元の条文に溶け込んで、条文を書き換えることになります。改正後は、原文言が分からなくなります。

反対に、修正条項方式では、原文言は改正後も残ります。次頁の例では、増補された部分によって、**何人も、A及びBという権利を有する**という条文

[*2] 原文は as an integral part of this Constitution です。この文言に特段の意味はないというのが憲法学界の通説ですが、憲法改正の方式の限界と捉える立場（全面改正方式は認められない）もあります。衆院憲法特委（2006年5月18日）における辻元清美委員（社民）の発言参照。

[*3] 憲法の「制定」と「改正」の区別として議論されます。保岡興治・与党案提出者（自民）は「……憲法改正というものは、憲法の基本原則を遵守しつつ改正するものであれば、改正の内容をどう表現しようが、どういう形で提案しようが、それは日本国憲法にいう改正の範疇におさまっているものだと考えております」とし、憲法96条は全面改正方式を排除しないとの立場を明らかにしています（衆院憲法特小委・2006年11月16日）。

が実質的にできあがります。

> 【修正条項方式の例】
> **改正前** 何人も、Aという権利を有する。
> **改正後** 何人も、Aという権利を有する。
> 　　　　　前項のAを、A及びBに改める。

　書換改訂方式と修正条項方式のどちらが採用されるか、これは憲法改正案と切り離して結論が出る問題ではありません。

　憲法改正方式と投票方式（一括か、個別か）とは、論理的な関係はありません（→Q43）。

Q7 憲法は例外なく改正をすることができるの？

条　文

憲法96条2項

ポイント

憲法改正には内容的な限界があります。「国民主権原理」を否定する憲法改正はできないと考えられます。

解　説

●憲法改正の限界

憲法96条は憲法改正の手続を定めています。しかし、憲法典（前文・各条文）の中で、これは変えることができるとか、変えることはできないとか、憲法改正の限界に関する明文規定はありません[*1]。

つまり、憲法条文に優劣は無く、価値的に同列であるようにみえます。国民主権の本質は、国民が憲法制定（改正）権を行使することにありますが（→Q3）、国民投票という正統な権力行使として、国民が主権者として、最終的に憲法改正の是非を決めることですから、憲法改正に限界はないのではないかと考えられそうです。

この点、**主権者の賢慮による自己拘束論**という学説が参考になると思います[*2]。

「国民自らが賢明な判断を下すことができるように、適切な統治機構を定め、自らを権力の抑制と均衡のシステムの中に構造化していく」ために憲法が存在するのだとすれば、主権者である国民自身がその構造化を破壊するような憲法改正、つまり**国民主権原理を否定し、主権の所在の変動を生じさせ**

[*1] 前文の文言も改正手続によらなければ改正できません。佐藤・前掲26頁。
[*2] 参院憲法調査会（2004年5月12日）における、土井真一参考人（京都大学助教授）の発言参照。土井参考人は、憲法改正の限界を「主権者の賢慮による自己拘束」と捉え、国民の判断に帰責されるべき問題とします。

る改正は出来ないと考えるのです。

　逆にいえば、国民主権以外の基本原理、諸原理について改正するかどうかは、国民が賢慮の上、意思決定できるということになります。

　立法者意思としては、日本国憲法の基本原則である国民主権、基本的人権の尊重、平和主義の三原則の改正は許されないことが明らかにされています。[*3]

●限界を超えた憲法の「改正」

　机の上の議論ですが、憲法改正の限界を超えた内容の発議が行われ、国民投票で国民の承認が得られてしまった場合はどうなるのでしょうか。憲法規範として有効でしょうか。

　まず、改正前の憲法との関係では、限界を超えているわけですから、当然無効となります。

　問題は、改正後の条文に規範的効力が認められるかどうかですが、改正後の条文が現実に有効な規範として機能し、国民が実際に支持しているような場合であれば、改正ではなくむしろ新しい憲法を制定したものとして、憲法規範としての効力が認められると考えるべきでしょう。[*4]

---

*3 衆院本会議（2006年6月1日）における、保岡興治・与党案提出者の答弁参照。
*4 佐藤・前掲40頁。

Q8 住民投票とは何が違うの?

条文

憲法92条、95条

ポイント

国民投票と住民投票は、国民ないし住民が政治上の意思決定をするという、直接民主制の発現という点では共通します。しかし、発議権者と投票権者の範囲、最低投票率制度の有無など、制度上の違いがみられます。

解説

●国民投票との共通点

国民投票と住民投票は、英語ではいずれも **Referendum**(レファレンダム)です。Referendum は、ラテン語の referre(報告する、伝える)が語源です。

憲法92条は、地域住民の意思が反映して自治行政が運営されるという、**住民自治の原則**をうたっています。ある政策テーマの是非について、住民が直接意思表示をする制度として住民自治の理念を具現化したものが**住民投票**です。直接民主制の契機となる点では、国民投票も住民投票も同じです。

もっとも、すべての自治体に、住民投票条例が制定されているわけではありません。住民投票ができるのは、「法律の範囲内」(憲法94条)で、自治体が住民投票条例(あるいは当該定めを置く自治基本条例)を定めている場合に限られます。

常設型の住民投票条例は、2001年4月の愛知県高浜市を皮切りに、全国の自治体で制定の動きが広がっています。[*1]

しかし、多くの住民投票条例は、投票案件が決定する都度制定されている非常設型です。

---

*1 "「常設型」住民投票条例一覧". [国民投票/住民投票]情報室.
　< http://www.ref-info.net/ju/jousetsu1.html > (参照 2007.06.01)。

●国民投票との相違点

　国民投票の投票権が憲法制定（改正）権という国民主権原理に基づくものであるのに対し、住民投票の投票権は、あくまで条例に根拠を持ち、その範囲内で認められる権利です。

　住民投票の多くは、住民生活に密接に関連した政策テーマで行われます。住民の判断が容易であり、投票権者の対象は一定の地域住民に限られます。地域の実情に応じて柔軟な制度設計が行われています。

　住民投票においては、投票権者の範囲が拡大している例があります。投票権年齢を**満16歳以上**としたり[*2]、**定住外国人**に資格を付与したりしている例[*3]もあります。

　また、**最低投票率**を設けている条例もあります。一定の投票率に満たない場合は、住民投票を不成立とし、無効とするものです[*4]。

　最低投票率を下回った場合、開票をするかどうかが問題となりますが、投票率に関わらず開票するのは、常設型条例では香川県三野町の「まちづくり住民投票条例」と千葉県我孫子市の「市民投票条例」などがみられます。

　国民投票は「国会が、これを発議」することになっていますが、住民投票では、案件を発議する者（機関）が多様です。住民投票は**自治体議員**（議会請求として議決が必要）、**住民**（住民請求として一定数の署名が必要）、**首長**（自ら発議する場合がほとんどですが、我孫子市の条例は議会の同意を要するとしています）と、広く認められています。

●地方自治特別法と住民投票

　補論として、憲法95条が定める地方自治特別法と住民投票について述べます。

　「一の地方公共団体のみに適用される特別法は、法律の定めるところにより、その地方公共団体の住民の投票においてその過半数の同意を得なければ、

＊2　大和市住民投票条例（2006年3月）が全国初です。
＊3　滋賀県米原町の住民投票条例が最初に導入しました。現在は我孫子市市民投票条例など、投票資格は拡大される傾向にあります。
＊4　米軍基地移転をめぐる山口県岩国市の住民投票（2006年3月）では、住民投票を不成立にしようと、一部の団体がネガティヴ・キャンペーン（ボイコット運動）を行いました。

地方自治特別法に係る住民投票一覧

	法律名	公布日
1	広島平和記念都市建設法	1949年8月6日
2	長崎国際文化都市建設法	1949年8月9日
3	首都建設法	1950年6月28日
4	旧軍港市転換法	1950年6月28日
5	別府国際観光温泉文化都市建設法	1950年7月18日
6	伊東国際観光温泉文化都市建設法	1950年7月25日
7	熱海国際観光温泉文化都市建設法	1950年8月1日
8	横浜国際港都建設法	1950年10月21日
9	神戸国際港都建設法	1950年10月21日
10	奈良国際文化観光都市建設法	1950年10月21日
11	京都国際文化観光都市建設法	1950年10月22日
12	松江国際文化観光都市建設法	1951年3月1日
13	芦屋国際文化都市建設法	1951年3月3日
14	松山国際観光温泉文化都市建設法	1951年4月1日
15	軽井沢国際親善文化観光都市建設法	1951年8月15日

国会は、これを制定することができない」(憲法95条)。これは、国会が制定する法律で地方自治権が侵害されないよう、国会単独立法原則の例外として設けられた条文です。

本条に関しては、憲法制定以降、15本の法律に基づいて (すべて議員立法)、住民投票は18回実施されています。手続の詳細は地方自治法261条、262条が定めています。

特定の自治体を対象とする法律でも、①国の事務や組織について規定するものであって、②自治体の組織、運営、権能に関係のないものは、地方自治特別法に該当しないというのが通説的見解であり、政府もこの見解に依拠しています。したがって、住民投票は不要であるとの結論になります。

しかし、政府がなぜこの見解を採っているかということが問題なのです。

従前の内閣法制局任せの憲法解釈ではなく、衆参両院の憲法審査会において、確固たる有権解釈を築いていくべきだと思います。[*5]

[*5] いわゆる道州制特区法案をめぐり、枝野幸男委員（民主）が佐田玄一郎国務大臣に対して、当該憲法解釈に依拠する理由を質しました（2006年11月8日の衆院内閣委員会）。私はこの質疑を通じて、憲法の有権解釈は常任委員会でなく、常設の特別機関である憲法審査会が適するとの印象を受けました。

Q9 最高裁判事の国民審査とは何が違うの?

条文

憲法79条、最高裁判所裁判官国民審査法14条、15条、22条

ポイント

国民審査は衆院議員総選挙の際に行われます。投票の書式、投票用紙の枚数など、違いがみられます。

解説

● 国民審査の法的性質

憲法79条2項は、最高裁判事の国民審査を定めています。[*1] 国民審査と国民投票とは用語も似ています。何が同じで何が違うのでしょうか。

国民審査が行われる趣旨ですが、最高裁判事は定年（70歳）があっても任期がありませんので、内閣による最高裁判事の任命行為（憲法79条1項）が恣意的にならないよう、**国民の民主的コントロールの下に置くこと**であると説明されています。

国民審査の法的性質については、憲法79条3項が「投票者の多数が裁判官の**罷免を可**とするときは、その裁判官は、罷免される」と規定していることから、**リコール**（解職制度）とみるのが通説的考え方です。内閣による任命行為の完結・確定とする見解もありますが、条文が投票者の多数が「罷免を可」とする場合に「罷免される」という効果が発生するとしていますし、任命後、国民審査を受けるまでの地位について憲法上の規定がないことは、任命行為によって任命が完結していると考えるのが自然だからです。

国民投票は「国民の承認」を得るか得られないか、積極的な国民の意思表

---

*1 最高裁長官は内閣が指名し、天皇が任命します（憲法6条2項）。任命後初めて行われる総選挙の際、新たに国民審査が行われることはありません。最高裁判事は内閣が任命し、天皇が認証します（憲法7条5号、79条1項）。

示が問題となりますので、この点では異なります。

●投票の場面での違い

　国民審査と国民投票は、記号式投票という点では共通していますが、書式（用紙への記載方法）が異なります。

　国民投票では憲法改正案に対し賛成であれば「賛成」欄に「○」を、反対であれば「反対」欄に「○」を記入しますが（→Q46）、国民審査では**罷免を可**とする場合に「**×**」を記入します。

　罷免を不可とする趣旨で「○」を書いても、**無効票**となります（最高裁判所裁判官国民審査法22条1項2号）。他事記載は無効とされます。

　投票用紙の枚数ですが、国民投票では憲法改正案ごとに投票用紙が調製し交付されるのに対し（国民投票法57条3項等）、国民審査では対象となる裁判官が複数名いても、用紙は1枚です。

●投票の期間での違い

　国民審査でも、期日前投票や不在者投票を行うことができますが、投票日（審査期日）の7日前から前日までと限られています。これは、国民審査で使用する投票用紙の調製に時間がかかるためです。

Q10 憲法改正原案は誰がつくるの?

条　文

国会法68条の2〜68条の5、102条の6、102条の7

ポイント

提出者数の要件を充たした上で、国会議員が憲法改正原案を発議します。
衆参両院の憲法審査会も憲法改正原案を提出することができます。
発議は、内容において関連する事項ごとに行わなければなりません。

解　説

●二段階の「発議」

発議とは、国会議員が議案を提議することです。下図で示しているとおり、国民投票法制上、発議という語は二つの場面で登場します。

```
                     ┌第一発議┐           ┌第二発議┐
〈憲法改正原案〉
提出者＋衆院議員100名以上   発議 ┐
提出者＋参院議員50名以上    発議 ├→ 各議院の3分の2 →憲法改正の発議──→国民投票
衆参憲法審査会長           提出 ┘   以上の賛成
```

便宜上、①衆参両院の議員が員数要件を充たした上で憲法改正原案を発議する場合、及び②衆参両院の憲法審査会が憲法改正原案を**提出**する場合[*1]、これらを**第一発議**（憲法改正原案の発議）と、③憲法改正原案について**最後の議決**があった場合（国会法68条の5第1項前段により、同時に国民に提案したものとみなされます）を**第二発議**（憲法改正の発議）と呼ぶこととします（→Q2）。

＊1　議員以外の者が議案を提議することを「提出」といいます。

議案ごとの員数要件比較

	衆議院	参議院
憲法改正原案	100	50
予算を伴う法律案	50	20
予算を伴わない法律案（一般議案）	20	10
予備的調査	40	―

● **国会議員による原案の発議**

　憲法改正原案とは、**日本国憲法の改正案（憲法改正案）の原案**のことです（国会法68条の2）。

　第一発議は、国会議員が行います。発議をするためには、**衆院議員100名以上**、**参院議員50名以上**の賛成が必要です（同条）。憲法改正原案を**修正**するときも、同じ員数要件が課せられています（国会法68条の4）。

　ここでの賛成者には発議者は含まれません。発議者に加えて、上記の賛成議員数が必要です。

　衆参両院の**憲法審査会**も第一発議をすることができます。この場合、憲法審査会の会長が憲法改正原案の提出者となります（国会法102条の7第2項）。

　これに対して合同審査会は、憲法改正原案に関する大綱・骨子を勧告することができるにとどまります（国会法102条の8第2項）。

　また、両院合同起草委員会（仮称）には、憲法改正原案の提出権限はありません。あくまで憲法改正原案を起草することだけが想定されています。委員会の名称、権限等、詳細は今後の検討課題です（→Q2、Q13）。

● **内容関連事項ごとの発議（第一発議）**

　国会法68条の3は「憲法改正原案の発議に当たっては、内容において関連する事項ごとに区分して行うものとする」と規定しています。これは第一発議のルールであると同時に、個別投票方式（→Q43）に対応しています。

　内容関連事項ごとですので、必ずしも「条文ごと」に区分することを意味しませんが、内容関連事項をどのように判断するかが問題となります。

　法案趣旨説明においては、「一方では、**個別の憲法政策ごとに民意を問う**

内容関連事項の判断

	国	自治体
政策x	a-1	b-1
政策y	a-2	b-2
政策z	a-3	b-3

ある三つの政策について、憲法上、国と自治体の権限配分が見直されるとします。

この場合、政策ごと（x～z）に三つに区分することも、国（a-1, a-2, a-3）と自治体（b-1, b-2, b-3）の役割とに二つに区分し、発議することも可能です。

という要請、他方では、**相互に矛盾のない憲法体系を構築する**という要請から決定されるべきものと考えます。そして、個別具体的事例については、国会が発議するに当たって、しかるべき**判断を行う**ものになると考えます」との判断基準が示されています。[*2]

内容関連事項は、**個別に憲法政策を構成する条文のユニット**になっています。「個別の憲法政策ごとに民意を問うという要請」に従えば、例えば、ある人権を創設する憲法改正原案と、国会の議事手続を改変する憲法改正原案とは、憲法政策がまったく異なりますので、一つの原案にまとめて発議することはできません。

内容関連事項かどうかの判断が微妙な場合もあります。「例えば首相公選制と憲法裁判所の設置というような改正案があった場合に、これは強大な行政権のチェックという観点で関連していると見るのか、あるいは両者は別個の改正項目と見るのが適当なのか」[*3]というケースなどです。関連していると見た場合、個別に発議されて一方につき賛成、他方につき反対の投票をすれば、矛盾した投票結果を生んでしまいます。

「てにをは改正」についても、それが一つの内容に関連するものと判断されることがあります。[*4]

---

* [*2] 衆院本会議（2006年6月1日）における、葉梨康弘・与党案提出者（自民）の答弁参照。一応の形式的基準を示していますが、区分の判断に際し、政治的裁量を排除することはできません。
* [*3] 衆院憲法特委（2006年3月9日）における、保岡興治委員（自民）の発言参照。
* [*4] 参院憲法特委（2007年4月19日）における、船田元・併合修正案提出者（自民）の発言参照。

Q11 国民請願とはどんな制度？

（条　文）

憲法16条、国会法80条

（ポイント）

すべての国民は、憲法改正に関する請願を行うことができます。
憲法審査会で請願が採択された場合には、憲法審査会が当該請願に基づく憲法改正原案を提出することになるでしょう。

（解　説）

● 請願の意義

憲法16条は、「何人も、損害の救済、公務員の罷免、法律、命令又は規則の制定、廃止又は改正その他の事項に関し、平穏に請願する権利を有し、何人も、かかる請願をしたためにいかなる差別待遇も受けない」と、**請願権**を規定しています。「その他の事項」には、**憲法改正**に関する事項も含まれます。

憲法改正原案の第一発議ができるのは、議員と憲法審査会に限られます（→Q10）。国民に原案の発議権を認めることはできないにしても、請願という制度を通して、国民は憲法改正に関する**イニシアティヴ**[*1]を執ることができます。

但し、請願によって直ちに、国民に向けて憲法改正案の発議が行われるわけではありませんが、一般的国民投票（→Q57）に関しては、一定数の有権者の署名が集まった場合には必ず国民投票に付されるというイニシアティヴを明確に規定すべきとの主張があります。[*2]

[*1] 国民発案と言われます。「衆憲資第59号」（2004年10月、衆議院憲法調査会）参照。
[*2] 衆院憲法特委・大阪地方公聴会（2007年3月28日）における、今井一意見陳述者（ジャーナリスト、［国民投票／住民投票］情報室事務局長）の発言参照。

ステップ2　憲法改正原案の発議

● **請願が採択されたら**

　憲法改正に関する国民の請願（国民請願）が、各議院の憲法審査会で受理され、**採択**された場合、**憲法審査会長提出**として当該憲法改正原案の審査が行われます。[*3]

　この場合、賛成者の**員数要件**は**不要**です。

　憲法改正請願の受理と審査については、国民投票法及び国会法は明確な規定を置いていません。憲法審査会における制度運用上の問題として、詳細は今後検討される予定です。[*4]

[*3] 国民請願の具体的な手続については、今後の検討を要します。
[*4] 衆院憲法特委・第1回中央公聴会（2007年3月22日）における、船田元・併合修正案提出者（自民）の発言参照。「我々の法案の制度設計としては、一般の委員会と同じように請願をいただく、その請願を採択するかしないかというところでそのイニシアティヴというものを、全く理想的なものではないとしても、ある程度市民発案に近い形に持っていけるのではないか、少し工夫が必要であろう」と述べています。

Q12 内閣は憲法改正原案を提出できるの？

条文

憲法72条、96条、内閣法5条

ポイント

内閣は憲法改正原案を提出することはできないと考えられます。

解説

● 内閣提出は否定すべき

　憲法96条1項は、国会が憲法改正案の発議を行うこととしています。内閣は憲法改正案の発議はできないにしても、その前段階として、憲法改正原案を国会に提出することは認められるのでしょうか。[*1]

　この点、憲法72条は、内閣総理大臣の職務として「内閣総理大臣は、内閣を代表して議案を国会に提出し、一般国務及び外交関係について国会に報告し、並びに行政各部を指揮監督する」と規定しています。

　さらに内閣法5条は、「内閣総理大臣は、内閣を代表して内閣提出の法律案、予算その他の議案を国会に提出し、一般国務及び外交関係について国会に報告する」と定めています。

　ここで、内閣の権限としての「議案提出」に、憲法改正原案が含まれるかどうかが問題です。

　内閣による憲法改正原案の提出を認めたとしても、第一発議（→Q10）の問題である以上、最終的には国会で当該憲法改正原案を審査し、議決が行われ、国会が第二発議を行うわけですから、これを容認する考え方があります。

　しかし、憲法を制定し、改正する権利は国民に所在します。すべての公権

---

*1 衆憲資59号「国民投票制度に関する基礎的資料」7頁。

力は、その国民投票の結果に拘束される側に立っています。国民の判断に拘束される側に、憲法改正原案の提出権限を広く認めるべきではないといえましょう。

また、憲法96条は内閣の提出権限を明文で肯定も否定もしていませんが、国会に発議権を与えた趣旨からすれば、否定に解するのが自然です。員数要件も厳格に定められています（→Q10）。

法案趣旨説明においては、内閣による第一発議は**別途議論されるべき**との答弁がなされています[*2]。

政府見解は、内閣の提出権を必ずしも否定していません[*3]。

[*2] 衆院本会議（2006年6月1日）における、船田元・与党案提出者（自民）の答弁参照。また、衆院憲法特委（2006年12月7日）において保岡興治・与党案提出者（自民）は、「今後、内閣が憲法改正案の提出を考えるのであれば、別途、内閣法や国会法の改正案について、国会の審議をお願いすればよいのではないか」と答弁しています。園田康博・民主党案提出者も「現時点では内閣による提出権というものは抑制的に考えておくべき」と同趣旨の答弁をしています。
さらに、衆院憲法特委（2007年3月29日）における、保岡興治・併合修正案提出者（自民）の答弁参照。内閣が憲法改正原案の提出権を認めるかどうかは「内閣の判断」と答弁しています。

[*3] 衆院予算委（2007年2月27日）における、塩崎恭久官房長官の答弁参照。

Q13 憲法審査会はどんな組織?

条　文

国会法102条の6～102条の8

ポイント

憲法審査会は、憲法改正原案の審査などを行う、特別の常設機関です。第167回臨時国会（2007年9月召集）から、衆参両院に設置されます。

解　説

●憲法審査会の位置づけ

衆参両院の憲法調査会（2000年1月20日に設置）を廃止して、**憲法審査会**が設けられます[*1]。憲法調査会の基本的な枠組みを継承した特別の常設機関です。

審査会の委員数と会派の割当て（構成）は、別途定められます。

●憲法審査会の所管事項

憲法審査会の所管事項は、国会法102条の6、102条の7が定めています。

> ア．日本国憲法及び日本国憲法に密接に関連する基本法制の広範かつ総合的な調査

日本国憲法に関し、広範かつ総合的な調査ができることについては、憲法調査会と同様です。

日本国憲法に密接に関連する基本法制は、憲法附属法のすべてを指すかどうかは明らかではありません。事実調査等において他の委員会との競合が生

---

*1 国民投票法附則1条［施行期日］により、「憲法改正の発議のための国会法の一部改正」は、「公布の日以後初めて召集される国会の召集の日から」施行されます。

じるため、審査対象となる法律を拡大する趣旨ではないとされています*2。

> **イ．憲法改正原案、日本国憲法の改正の発議又は国民投票に関する法律案等の審査**

　憲法審査会は、①憲法改正原案、及び②日本国憲法の改正の発議又は国民投票に係る法律案等を審査することができます。

　②は、もともと「日本国憲法の改正手続に係る法律案等」となっていました（与党案及び民主党案）。しかし、将来どのような憲法改正の発議をすることが望ましいか、国会が国民に対して行う**有権的世論調査**としての**憲法改正問題国民投票**（憲法改正を要する問題及び憲法改正の対象となりうる問題についての予備的な国民投票）を憲法審査会の検討事項として加えるべきとの合意が生まれ、対象を憲法改正国民投票に限定しないという趣旨でこのように修正されました（→Q57）。

　憲法審査会は、**閉会中審査の手続を要せず**、付託された憲法改正原案を審査することができます（国会法102条の9第2項）。閉会中審査の手続を要しないと言っても、閉会中も含めて年中、憲法改正原案の審査を行うという意味ではありません。

　なお、議決の効力は後の国会に継続しません。

●合同審査会も可能

　各院憲法審査会は、**憲法改正原案**に関し、他の議院と協議して**合同審査会**を開くことができます*3（国会法102条の8第1項）。合同審査会は、**任意**の非常設機関です。

＊2　衆院憲法特小委（2006年11月16日）における、枝野幸男・民主党案提出者の答弁参照。船田元・与党案提出者（自民）も同趣旨の答弁をしています。また、小川淳也・民主党案提出者は「あくまで憲法秩序、憲法的な価値観と各法規に具体化されているさまざまなテーマとが矛盾のないようにですとか、あるいは体系的なそごを来たさないようにですとか、そういった観点からの調査にとどまるもの」と、限定的な考えを示しています（衆院憲法特委・2006年11月30日）。

＊3　両院独立活動原則の例外であり、憲法改正原案の審査における「隘路を打開する優れた知恵」と評されます。衆院憲法特委・第1回中央公聴会（2007年3月22日）における、江橋崇公述人（法政大学法学部教授）の発言参照。

合同審査会の員数構成、議事手続などの詳細は、**両議院の議決**で定められることになります（国会法102条の8第3項）。

　憲法改正原案に関しとされているので、それ以外の案件について合同審査会を開くことはできません。また、すでに憲法改正原案ができあがっている状態で設けられる場合はもちろん、原案そのものを起草することは基本的に想定されていません。

　合同審査会は、「憲法改正原案に関し、各議院の憲法審査会に**勧告**することができる」（国会法102条の8第2項）とされています。勧告については、両院の自律権を損なうような拘束力を持ったものではなく（**拘束力の否定**）、憲法改正原案の**大綱**、**骨子**のようなイメージであるとの答弁がなされています[*4]。

　衆参両院で憲法改正原案について異なった議決がなされることを避けるため、合同審査会の内部もしくは別機関として両院合同起草委員会（仮称）を設けて[*5]、事前に意見調整を行い、**憲法改正原案を合同で起草する**ことも主張されています[*6]（→Q2）。反対に、両院の議決（意思）が異なってしまった場合、事後的に調整されるのが両院協議会です（→Q15）。

　法令の憲法適合性審査については当然、衆参両院の憲法審査会の権能として認められているとの指摘もあります[*7]。

[*4] 衆院憲法特委（2006年11月30日）における、小川淳也・民主党案提出者の答弁参照。
[*5] 衆参両院に対して勧告権を有する両院法規委員会という組織がかつて存在しました（1947～55年）。衆院憲法特委（2006年11月30日）における、橘幸信・衆院法制局第二部長の答弁参照。
[*6] 衆院憲法特小委（2006年11月16日）における、枝野幸男・民主党案提出者の答弁、さらに衆院憲法特委（2006年11月30日）における、加藤勝信・与党案提出者（自民）及び園田康博・民主党案提出者の答弁参照。
[*7] 衆院憲法特小委（2006年11月16日）における、小林節参考人（慶應義塾大学法学部教授、弁護士）の発言参照。

Q14 憲法審査会の審査はどのように行われるの?

条文

国会法56条の3、102条の6

ポイント

憲法審査会は、憲法改正という国政上の重要テーマを扱います。公正・中立な審査会の運営、さらに憲法改正原案等の慎重な審査を期するため、議事手続に特別な定めが設けられています。

解説

●議事手続の特則

憲法審査会における憲法改正原案の審査においては、

> ①議事を**原則公開**とすること
> ②**公聴会の開催**を義務付けること
> ③**中間報告制度**を適用しないこと[*1]

など、憲法調査会に認められた議事手続の特則が踏襲されています。憲法改正原案の審査手続には、通常の法案審査にもまして、慎重さが求められるためです。

その他の特則として、

> ④国会会期中・閉会中を問わずに開会できること(閉会中審査)

---

*1 「各議院は、委員会の審査中の案件について特に必要があるときは、中間報告を求めることができる」(国会法56条の3第1項)、「前項の中間報告があつた案件について、議院が特に緊急を要すると認めたときは、委員会の審査に期限を附け又は議院の会議において審議することができる」(同56条の3第2項)。

⑤合同審査会を開くことができること

が挙げられます（→Q13）。

● **憲法改正原案の審査は直ちに行われるか**
　憲法審査会が設置されたことを受けて、審査会の権限に基づき（国会法102条の6）、憲法改正原案の審査に直ちに移行できるかが問題となります。
　この点については、当初より法案趣旨説明の中で答弁がなされています。国民投票法の大部分の規定が施行されるまでの間は、**改正の要否とその具体的な論点の調査に専念すること**とされています[*2]。
　国民投票法は附則4条［この法律の施行までの間の国会法の適用に関する特例］において、憲法審査会は、この法律の施行の日までの間（3年間）は、**憲法改正原案の審査及び提出を行わず**、日本国憲法及び日本国憲法に密接に関連する基本法制に関する調査を行う旨定め、両案提出者の答弁を法的に担保しています。
　この3年間は**凍結期間**と呼ばれます。凍結期間が設けられた理由は、①憲法審査会が常設機関として設置されること自体、憲法改正のスケジュールを政治的に加速させるものだと批判があること、②衆参両院の憲法調査会報告書の内容を再検討し、国民に憲法論議を喚起すべきとの意見が、与党内から有力に主張されていること[*3]にあります。

[*2] 衆院本会議（2006年6月1日）における、鈴木克昌・民主党案提出者、斉藤鉄夫・与党案提出者（公明）の答弁参照。
[*3] 衆院憲法特委（2006年11月30日）における、赤松正雄・与党案提出者（公明）の答弁参照。

Q15 両院協議会はどういう場合に開かれるの?

条文

憲法59条、60条、61条、67条、国会法87条、88条、93条

ポイント

憲法改正原案についても、衆参両院の異なった議決を調整する協議機関として、両院協議会を開くことが認められます。

解説

●両院協議会の意義

両院協議会とは、衆参両院の議決が異なった場合に、両院の妥協を図るために設置される協議機関をいいます。

憲法上、①法律案の議決（憲法59条）、②予算の議決（同法60条）、③条約の承認（同法61条）及び④内閣総理大臣の指名（同67条）について両院協議会の定めがあります。

憲法改正原案について両院協議会を開くことができるかどうかに関して憲法上直接の定めはありません。審査、審議を通じて、必ずしも両院の議決が一致するとは限りません。甲院先議の場合では、乙院が**否決**あるいは**修正**をするようなことがありえます。

したがって、国民投票法も、**任意的両院協議会**を定め、両院の妥協を図ることとしています（国会法86条の2、87条）。他院から両院協議会を求められた場合、これを拒むことはできません（国会法88条）。

なお、憲法96条1項が「**各議院の総議員の3分の2以上の賛成**」を発議要件としていることから、後院で可決されない場合には、**発議そのものが不成立**となるとの見解もありますが、同条項をそこまで解釈できるかは疑問があるだけでなく、憲法改正発議が国会の権能として位置づけられている以上、憲法改正原案についておよそ両院間の意見調整や妥協の場を封じ込めるとい

両院協議会が開かれるパターン

〈衆院で先に審議される場合〉

衆院 → 参院 送付
- 可決 → 衆院にその旨通知
- 否決 → 衆院に返付 → 衆院は両院協議会を求めることができる。
- 修正 → 衆院に回付
  - 衆院が同意
  - 衆院が不同意
    - 衆院が両院協議会を求める
    - 衆院が両院協議会を求めない → 参院に返付 → 参院は両院協議会を求めることができる

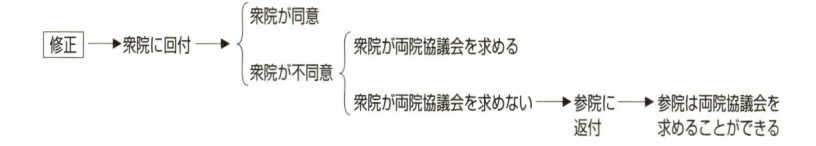

うのは妥当ではありません。

● **両院協議会が開かれる場合**

　合同審査会は、衆参両院で議決が異ならないように予め組織されるのに対して（→Q13）、両院協議会は、両院ですでに異なる議決がなされてしまった場合に設置されるという違いがあります。

　両院協議会における**成案**は、両院協議会を求めた議院においてまず審査がなされ、他の院に送付されます。成案を修正することはできません（国会法93条）。

　国会法86条の2、87条のスキームは、上図のようになります。両院協議会の設置はすべて**任意**です。

　両院協議会で成案が得られたとしても、その段階で憲法改正の発議が成立するわけではありません。衆参両院で改めて、総議員の3分の2以上の賛成で議決されることを要します[*1]。

＊1　衆院憲法特委（2006年11月30日）における、枝野幸男・民主党案提出者の答弁参照。

Q16 憲法改正の発議はどのように行われるの?

条　文

憲法96条、国会法68条の5

ポイント

憲法改正案は、内容において関連する事項（→Q10）ごとに、個別に発議されます。

解　説

●発議の要件

憲法改正の発議には「総議員の3分の2以上の賛成」が必要です（→「総議員」の意義については、Q17）。つまり、衆参両院の本会議で、総議員の3分の2以上の賛成をもって議決されることを要します。

●内容関連事項ごとの発議（第二発議）

憲法改正案は、国民がこれに対する賛否を適切に判断することができるものとなるようにしなければなりません。国民にとって賛否の判断が容易にするための方法が問題です。

国民投票法は、できるだけ内容を区分して投票に付するという**個別投票方式**を採用しています（→Q43）。

個別投票方式に対応するために、憲法改正原案の段階から（第一発議）、内容関連事項ごとに区分して発議をしなければならないとしています（→Q10）。国会法は明文を置いていませんが、憲法改正原案について最後の議決がなされたときも（第二発議）、内容関連事項ごとになっていなければいけないのは当然の要請です。

第一発議の段階で区分されている複数の原案を、憲法審査会の審査段階で、一つにまとめることは理論的には可能ですが、複数の憲法改正案が内容関連

事項ごとに発議された後に、これを一括して投票にかけることは許されないと考えられます。

また、憲法改正が第二発議をされた後は、国会は**修正**、**撤回**をすることはできないと考えます。

● **国民への提案**

憲法96条1項は「国民に提案して、その承認を経なければならない」と規定しています。憲法改正の発議とは別に、国会から国民に提案する行為が別途必要ではないかとも考えられます。

この点、国会法68条の5第1項前段は、「憲法改正原案について国会において最後の可決があった場合には、その可決をもって、国会が日本国憲法第96条第1項に定める日本国憲法の改正の発議をし、国民に提案したものとする」と規定しています。

したがって、衆院もしくは参院で最後の可決があれば、**別段、国民に提案する行為は必要ありません。**

```
┌──────────────────────┐
│  国会による憲法改正の発議  │
└──────────────────────┘
            ↓
    ┌──────────────┐
    │  国民への提案  │
    └──────────────┘
```

Q17 「総議員」の数は何を基準にするの?

条文

憲法43条2項、96条1項、公選法4条

ポイント

衆参両院の先例に従い、法定議員数を基準にします。

解説

●総議員とは何か

　憲法96条1項は、「総議員の3分の2以上の賛成」と規定していますが、「総議員」の数をどうするかが、条文上明らかではありません。

　法律で定められた議員数（法定議員数）と考えるか、実際の在職している議員数（在職議員数または現在議員数）と考えるか、二つの学説があります。

　憲法43条2項は、「両議院の議員の定数は、法律でこれを定める」と規定し、公選法4条1項は、衆院の定数を480（小選挙区300、比例代表180）、同法2項は参院の定数を242（選挙区146、比例代表96）と定めています。衆院480名、参院242名というのは、法定議員数を指します。

　しかし、議員が在任中に死亡、辞職、失職したりするなどして欠員が発生し、実際に在職している議員の数（在職議員数）が法定議員数を下回っていることがあります。補欠選挙が行われない限り、欠員がある状態が続きます。

●法定議員数が基準

　在職議員数を基準に考えると、欠員の票は憲法改正発議の議決の際、賛成にも反対にもカウントされません。しかし、議員辞職などの偶然の事情に、発議要件が左右されるおそれがあります。

　法定議員数を基準に考えると、欠員の分は反対票と同じ扱いになります。憲法改正の発議に賛成か反対か──欠員の分の意思表示の判断として、常

に反対票扱いとしてよいか問題は残りますが、もともと憲法改正が厳格な手続の下で行われることが予定されている以上、法定議員数を基準に考えるのが妥当と考えられます。

　国民投票法は、この旨明文規定を置いていません。衆議院先例、参議院先例ともに法定議員数に従っているからです。

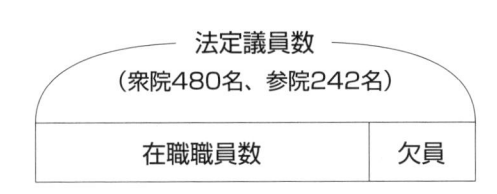

法定議員数 (衆院480名、参院242名)	
在職職員数	欠員

Q18 国民投票広報協議会の構成、議事手続は？

条文

国民投票法11条、12条、15条、17条、国会法120条の11、120条の12

ポイント

国民投票広報協議会は、衆参両院から委員が10名ずつ選任されます。協議会の定足数と表決数は、国会法上の例外となります。

解説

●国民投票広報協議会の組織構成

　国会法102条の11第1項は、「憲法改正の発議があったときは、当該発議に係る憲法改正案の国民に対する広報に関する事務を行うため、国会に、各議院においてその議員の中から選任された**同数の委員**で組織する**国民投票広報協議会を設ける**」と規定しています。

　国民投票広報協議会は、憲法改正の発議があったときに設置される、**非常設の機関**です。「国民投票広報協議会は、前項（憲法改正）の発議に係る国民投票に関する手続が終了するまでの間存続する」（国会法102条の11第2項）とされ、協議会の委員（国民投票法12条1項）及び協議会事務局（国民投票法16条）も、当該期間に活動が限定されます[*1]。各議院ではなく、**国会に一つ**置かれます。

　協議会の委員は、「憲法改正の発議をされた際衆議院議員であった者及び当該発議がされた際参議院議員であった者**各10人**」とされています（国民投票法12条2項前段）。

　委員の数は、**各会派の所属議員数の比率**に割り当てて選任されることとされ（国民投票法12条3項本文）、「憲法改正の発議に係る議決において**反対の表**

---

*1 国民投票広報協議会の職員は、在職中、国民投票運動をすることができません（国民投票法102条）。

決を行った議員の会派から」も、委員が選任されるように、各議院はできる**限り配慮する**とされています（国民投票法12条3項但書）。衆院と参院では会派構成（割合）が異なりますので、同じ政党（会派）からでも各院から選任される委員の数は異なりうることになります。

委員に事故のある場合又は委員が欠けた場合は、**予備員**がその委員の職務を行うこととされています（国民投票法12条5項）。予備員の数、少数会派への配慮については、正規の委員と同様です（国民投票法12条2項後段、4項）。

なお、国会議員以外の**外部委員**を登用すべきとの主張もされていますが、広報協議会の運営の中で、参考意見を聴取することなどを検討すべきとされています[*2]。

●国民投票広報協議会の議事特則

協議会に関しては、定足数と表決数[*3]に、特別の定めがあります。

定足数に関し、委員が各院からそれぞれ**7名以上**出席しなければ、議事を開き議決することができないとされています（国民投票法15条1項）。定足数を「委員の半数以上」と定める国会法49条の例外です。

表決数については、**出席委員の3分の2以上**の多数で決するとされます（国民投票法15条2項）。「出席委員の過半数」と定める国会法50条の例外です。

[*2] 衆院憲法特委（2006年11月9日）における、保岡興治・与党案提出者（自民）、小川淳也・民主党案提出者の答弁参照。さらに、園田康博・民主党案提出者は、国民投票法17条［両院議長協議決定への委任］を根拠に、広報協議会の中に専門部会を設け、外部委員を活用しうる可能性に言及しています（衆院憲法特小委・2006年12月12日）。

[*3] 定足数とは、会議体において、議事を開き、審議を行い、議決をなすために必要とされる最少限の出席者数をいい、表決数とは、会議体において意思決定を行う上で必要な賛成表決の数をいいます。

Q19 国民投票広報協議会の事務内容は？

条文

国民投票法8条、14条、18条1項、19条

ポイント

協議会は、国民投票公報の作成など様々な周知・広報活動を行います。中央選挙管理会との役割分担がなされています。

解説

●国民投票広報協議会の事務

国民投票広報協議会の所掌事務は以下のとおりです[*1]（国民投票法14条1項）。

［1号事務］国民投票公報の原稿の作成

①憲法改正案及びその要旨
②憲法改正案に係る新旧対照表その他参考となるべき事項に関する分かりやすい説明
③憲法改正案を発議するに当たって出された賛成意見及び反対意見

を掲載した、国民投票公報の原稿の作成です（→Q20）。

広報協議会が国民投票公報の原稿を作成します。原稿は中央選挙管理会に送付されます（国民投票法18条）（→Q20）。

上記①と②は客観的かつ中立的に、③は公正かつ平等に扱うこととされています（国民投票法14条2項）。

［2号事務］投票記載所に掲示する憲法改正案要旨の作成

（→Q47）

---

*1 マスメディアに対する監視機能（negative authority）は付与されていません。衆院憲法特委（2006年12月14日）における、赤松正雄・与党案提出者（公明）、園田康博・民主党案提出者の答弁参照。

[3号事務] 憲法改正案広報放送、憲法改正案広報広告に関する事務
　政党等に対し、テレビ・ラジオの放送広告、新聞広告の無料枠が与えられます（→Q42）。

[4号事務] その他の憲法改正案広報事務
　上記以外の憲法改正案に関する広報事務です。

　与党案、民主党案ともにかつて、「憲法改正案に関する**説明会の開催**」を事務の一つとして挙げていましたが、併合修正案の提出段階で削除されました。説明会とはいわゆるタウンミーティングです。場所、時期、人員など、説明会を公的に公平に行うことは困難であるというのが理由です。同様の趣旨で、地方公聴会開催に関する条文も削除されています。
　むしろ、政党や市民団体が自主的に開催するものに委ねることが適当とされています。[*2]

　協議会の上記事務に瑕疵があった場合でも、**国民投票無効訴訟の対象には
なりません**（→Q53）。

●中央選挙管理会との役割分担

　「国民投票の執行に関する事務は、この法律に特別の定めがある場合を除くほか、中央選挙管理会が管理する」（国民投票法8条1項）という規定を受けて、中央選挙管理会は「国民投票に際し、国民投票の方法、この法律に規定する規制その他国民投票の手続に関し必要と認める事項を投票人に周知させなければならない」（国民投票法19条1項）とされています。
　すなわち、国民投票広報協議会が**憲法改正案等の広報**を担うのに対して、中央選挙管理会は、憲法改正国民投票の期日の広報、投開票事務や投票方法など、**事務的な内容の周知・広報**を担当するという具合に、役割分担がなされています。中央選挙管理会が行う広報と、憲法改正案広報放送（→Q42）が相俟って、十分な効果が期待されるところです。[*3]

＊2　衆院憲法特委（2007年3月29日）における、船田元・併合修正案提出者（自民）の答弁参照。
＊3　衆院憲法特委（2007年4月12日）における、枝野幸男・民主修正案提出者の答弁参照。

Q20 「国民投票公報」の内容は?

条文

国民投票法14条、18条3項4項、公選法170条1項2項

ポイント

国民投票公報には、憲法改正案（本文、要旨）、新旧対照表その他参考となるべき事項に関する分かりやすい説明、憲法改正案に対する賛成意見と反対意見、が掲載されます。

投票日の10日前までに、世帯ごとに配布されます。

解説

● 公報に記載される内容

国民投票は、国民が主権者として憲法改正の是非を決定する重要な手続です。国民投票広報協議会が作成する国民投票公報の内容は、その重要な判断材料となります。

Q19で確認しましたが、ごく簡略化すれば、国民投票公報には次の4つの内容が掲載されます。

---

①憲法改正案及びその要旨
②憲法改正案に係る新旧対照表その他参考となるべき事項に関する分かりやすい説明
③憲法改正案を発議するに当たって出された賛成意見
④憲法改正案を発議するに当たって出された反対意見

---

①は憲法改正案の条文そのもの、それを要約したものです。

②その他参考となるべき事項とは、例えば衆参両院における**憲法改正原案の審査経過**などの客観的な情報がこれに該ります。

分かりやすい説明とは、与党案と民主党案ではもともと「解説等」という文言になっていました。広報協議会の裁量事務を拡大しない一方、「正確に、客観的に、中立に説明する部分はぜひ必要」という判断で加えられた文言です[*1]。

③④憲法改正案を発議するに当たって出された意見とは、衆参両院の審査、審議の中で出た意見を指します。議員の発言に限らず、**参考人等**の意見も含まれると解されます[*2]。

①と②については**客観的かつ中立的**に、③と④については**公正かつ平等**に扱うということとされています（国民投票法14条2項）。図（次頁）はそのイメージです。

内容レベルの問題として、①憲法改正案（本文、要旨）と②新旧対照表その他の参考となるべき事項に関する分かりやすい説明は、賛成・反対の各会派の議員が関与しないで、協議会事務局が**裁量を及ぼすことなく**作成することが基本です[*3]。

③賛成意見と④反対意見の分量を平等にするという要請は、単純にページ量を同等にすることで充たされます。その上で、賛成会派、反対会派のそれぞれで、割り当てられたページに自由に意見を掲載すればよいということになります。

憲法改正発議が**全会一致**でなされた場合には、③と④の割り当てが無意味になるので、①と②だけで構わないのではないかとの意見も出されています[*4]。

●公報が有権者に届くまで

都道府県の選挙管理委員会が国民投票公報の印刷を行います（国民投票法

---

*1 衆院憲法特委（2007年4月12日）における、保岡興治・併合修正案提出者（自民）の答弁参照。
*2 衆院憲法特委（2006年12月7日）における、枝野幸男・民主党案提出者の答弁参照。
*3 ①憲法改正案については、与党案、民主党案ともに、本文、要旨と並んで「解説等」という文言が入っていました。しかし、国民に分かりやすい公報を作成しようとすればするほど、事務局の裁量の余地が大きくなり、公正・中立性が損なわれることから、この文言は削除されました。この点、衆院憲法特委（2006年11月9日）における、枝野幸男・民主党案提出者の答弁参照。
*4 衆院憲法特委（2006年12月7日）における、枝野幸男・民主党案提出者の答弁参照。

国民投票公報の紙面構成（イメージ）

〈表面〉

20XX年10月26日
国民投票広報協議会

第一回日本国憲法改正国民投票　公報

一．国民投票が行われる期日
　　20XX年11月8日（国民投票の日・祝日）午前7時00分～午後8時00分

二．憲法改正案及び要旨
＜甲案＞　○○○○○○○○○○○○○○○○○○○○○○○○○○
　（要旨）

＜乙案＞　○○○○○○○○○○○○○○○○○○○○○○○○○○
　（要旨）

＜丙案＞　○○○○○○○○○○○○○○○○○○○○○○○○○○
　（要旨）

三．新旧条文対照表
＜甲案＞　【現行】────────────────────
　　　　　【改正案】───────────────────

＜乙案＞　【現行】────────────────────
　　　　　【改正案】───────────────────

＜丙案＞　【現行】────────────────────
　　　　　【改正案】───────────────────

19条3項）。

　国民投票公報の配布については、公選法170条1項2項（選挙公報の配布に関する規定）が準用されています。市区町村の選挙管理委員会が、当該国民投票に用いるべき投票人名簿（→Q26）に登録された者の属する**各世帯**に対して、[*5] **投票期日10日前までに、配布する手続がとられます**（国民投票法18条4項）。

〈裏面〉

四．国会における経過　　※＜乙案＞＜丙案＞についても、同様の記載
＜甲案＞ ・20XX年3月10日　衆議院憲法審査会長提出　　・6月10日　参議院憲法審査会　可決 ・4月26日　衆議院憲法審査会　可決　　　　　　・6月12日　参議院本会議　可決、成立 ・4月27日　衆議院本会議　可決　　　　　　　　　　　　　　（賛成○票、反対○票、棄権○票） 　　　　　　（賛成○票、反対○票、棄権○票）　・6月13日　国民投票期日　告示

五．憲法改正案に対する賛成意見及び反対意見

＜甲案　賛成意見＞	＜甲案　反対意見＞
政党A	政党C
	政党D
政党B	政党E
	政党F

＜乙案　賛成意見＞	＜乙案　反対意見＞
政党A	政党B
	政党E
政党C	政党F
政党D	

※丙案は全会一致で発議されたものと想定した。公報上、賛成意見の記載は無いものとされる。
※※賛成意見と反対意見に割り当てられるスペースは対等です。
※※※実際には、政党BCDのように、憲法改正案によって賛否が分かれることがある。

＊5　真っ当な国民投票のルールを作る会・第2次市民案（2006年4月21日）は、各世帯に対してではなく、全有権者に配布すべきだという提案をしています。個々人に主権者としての自覚を高めるためだと説明されています。

Q21 衆院選挙や参院選挙の投票日と同じ日に行われるの?

条文
憲法7条3号、96条

ポイント

　国民投票が国政選挙と同じ日に行われることは、政治的に想定されていません。
　但し、同じ日に行われる確率はゼロではありません。

解説

● 「特別の国民投票」として行うか、国政選挙と同じ日に実施するか

　憲法96条1項は、国民投票の投票期日（→Q22）として、「特別の国民投票（国政選挙と別の日に実施）もしくは「国会の定める選挙の際行はれる投票」（国政選挙と同じ日に実施）の二つのパターンを想定しています[*1]。

　国民投票が国政選挙と同日に行われれば、有権者が投票所に足を運ぶのは一回ですみますし、投開票事務全体の軽減にもつながるというメリットがあります。反対に、投票人名簿と選挙人名簿の調製事務で混乱が起きるおそれも指摘されています。

　国民投票は、国政選挙と同じ日に行われることは想定されていません。想定されていないというのは、政治的な意味においてです。

　なぜなら、国政選挙は、衆院選挙にとくに顕著なように、与野党がマニフェスト（政権公約）を掲げて、政権選択を最大の争点とし、議席の過半数をめざして、与野党が激しく対立し合うものです。

　他方、憲法改正の発議については、「総議員の3分の2以上の賛成」という厳格な要件の下で、与野党間の幅広い合意がなければ発議そのものができ

[*1] 基本的には「国会の自律」に任されていると考えられています。衆院憲法特委（2006年12月7日）における、枝野幸男・民主党案提出者の答弁参照。

ないという状況にあります。国民投票と国政選挙では政治状況が180度違います。

　明文規定は置かれていませんが、この問題は国会の議論を通じて、すでに**決着済みと言えるほどに共通の認識が形成されている**[*2]といえます。

　ただし、権力分立の観点から、内閣の衆議院解散権（憲法7条3号参照）を法的に拘束することはできません。国民投票の告示（国民投票法2条3項）がすでになされた後で、衆議院が解散される可能性はあります。

　また、補欠選挙や地方選挙の投票期日と重なる可能性もあります。この場合には、選挙運動を規律する公選法と、国民投票運動を規律する国民投票法の適用関係が不公正にならないように、関係機関は留意する必要があります（国民投票法9条参照）。

[*2] 衆院憲法特委（2005年10月27日）における、中山太郎委員長の締めくくり発言参照。

Q22 憲法改正の発議から投票日まで、どれだけの期間があるの？

条文

国民投票法2条1項、国会法68条の6

> **ポイント**
>
> 投票日まで最短で60日、最長で180日の期間が設けられます。一律に決まったものではなく、憲法改正発議のつど、期間が定められます。

解説

● 国会の議決で投票日が決まる

法律上は「国民投票は、国会が憲法改正を発議した日から起算して60日以後180日以内において、国会の議決した期日に行う」(国民投票法2条1項)、「憲法改正の発議に係る国民投票の期日は、当該発議後速やかに、国会の議決でこれを定める」(国会法68条の6)と規定されています。

投票期日を決めるのは国会です。両院の議決によって定められますが、単純過半数ではなく、憲法改正発議の要件に準じた賛成が必要だと解されます[*1]。

憲法改正発議の日から国民投票の期日までが、**周知・広報期間**と呼ばれることもあります。期間中、国民は、憲法改正案がどのようなものか情報収集をしたり、意見を形成していくことになります。

● 幅がある周知・広報期間

周知期間は、発議後60日以後180日以内と、幅広く設定されています。

下限が60日とされた理由ですが、国民投票実施に向けた事務的な準備作業に最低2か月程度は要するということに基づきます。

[*1] 参院憲法特委・さいたま地方公聴会(2007年5月10日)における拙論参照。

上限の180日は、憲法改正案の内容によっては、半年程度をかけて国民に十分に、慎重に判断する機会を確保した方がよいという政策判断に基づいています。[*2]

　周知期間が短いという意見もありますが、現実には、衆参両院の憲法審査会で相当長期にわたって憲法改正原案が審査されることから、その期間を含めて考えれば短いという批判は当りません。[*3] すべての憲法改正原案につき、下限・最短の60日間となるわけではありません。

　再投票（国民投票法135条3項）も同じ期間が設定されています（→Q56）。

```
憲法改正
　の発議    60日後                        180日後
  |----------|------------------------------|
                       国民投票期日
```

---

*2　周知期間を最低2年とする意見（長谷部恭男『憲法とは何か』〔岩波書店、2006年〕157頁）や、最低1年とする意見（日弁連意見書・2006年8月22日）もあります。長ければ長いほど、会議体（国会内の議員構成）の変更が生じる可能性が高くなります。

*3　このような批判があることにも鑑み、私は、「むしろ180日（最長期間）を原則とし、憲法改正案の内容によってはそれより段階的に短縮してはどうか」との提案をしました。衆院憲法特委・第2回中央公聴会（2007年4月5日）における拙論参照。

Q23 投票権者の範囲は？

条文

国民投票法3条、附則3条

ポイント

満18歳以上の日本国民が投票権を有します。
但し、法律本体が施行されるまでの間（3年間）に選挙権年齢が18歳に引き下げられるまでは、満20歳以上が投票資格者とされます。

解説

● **投票権年齢は満18歳以上**

投票権年齢の問題は、国民投票法制のメインテーマの一つとして議論が重ねられてきました。

憲法96条1項は、「国会の定める選挙の際行はれる投票において」と規定していることから（国政選挙と国民投票の同一日実施の可能性→Q21）、従来より、選挙権者と国民投票の投票権者は一致させなければならないという、憲法上の要請があると考えられてきました。

世界では、**国民投票の投票権年齢と国政選挙の選挙権年齢を一致させ、かつ、その年齢を18歳以上としている国が多くみられます。**

日本においては、若者の政治参加を促進させるために選挙権年齢を引き下げるべきとの意見をはじめ、憲法改正国民投票は何十年、何百年というスパンで国のかたちを定める意思決定であるから、憲法とより長く時代を共有する若い世代にできるだけ投票権を付与すべきであるという意見が主張されてきました。[1]

したがって、国民投票法3条は「日本国民で年齢**満18年以上**の者は、国民投票の投票権を有する」とし、**本則**で満18歳以上の投票権を定めました。[2,3]

●経過措置はなぜ置かれたか

しかし、国民投票法の附則3条は、法制上の措置として次のように定めています。

> **1項【成人年齢法制の見直し】**
> 国は、この法律の施行の日までの間に、年齢満18年以上満20年未満の者が国政選挙に参加することができること等となるよう選挙権を定める公職選挙法、成年年齢を定める民法その他の法令の規定について検討を加え、必要な法制上の措置を講ずるものとする。
>
> **2項【経過期間中の投票権年齢】**
> 前項の法制上の措置が講ぜられ、年齢満18年以上満20年未満の者が国政選挙に参加すること等ができるまでの間、国民投票の投票権を有するのは**年齢満20年以上の者**とする（一部要約）。

1項は、**成人年齢法制**（公選法、民法など）の見直しを（→Q58）、2項は国民投票法が施行されるまでの間に、公選法改正が行われ、選挙権年齢が満18歳以上となるまでの間、投票権年齢は選挙権年齢と一致させ、**満20歳以上**とすることを定めています。

もっとも、国民投票法の本体が施行されなければ国民投票が実施されることはありませんので、満20歳以上の有権者を対象に国民投票が実施される

---

*1 義務教育修了者に対して幅広く投票権、選挙権を認めるべきとの意見が主張されています。衆院憲法特委・第2回中央公聴会（2007年4月5日）における、小林庸平公述人（特定非営利活動法人 Rights 理事。http://www.rights.or.jp/）の発言参照。さらに、当時の与党案に対する修正意見として、衆院憲法特委（2006年11月9日）における、早川忠孝委員（自民）の発言参照。

*2 18歳は学齢を基準にすべきとの意見が述べられたことがあります。同じ高校3年生で投票権を有する生徒と有しない生徒がいるのはおかしいというのが理由です。衆院憲法特委（2006年2月23日）における、枝野幸男委員（民主）の発言参照。
学齢基準では、当該年の4月2日以降、翌年の4月1日までの間に18歳の誕生日を迎える者は、その期間中に実施される国民投票の投票資格を得るということになります。

*3 民主党案は当初、「国会の議決により、当該国民投票に限り、日本国民で満16年以上満18年未満の者」も投票権を有するという立場でした。しかし、18歳投票権という点で幅広い合意が得られるのであれば、年齢引下げにつきそれ以上の無理はしないという趣旨で、修正の意向が示されました。衆院憲法特委（2006年12月14日）における、枝野幸男・民主党案提出者の締めくくり発言参照。

ことはないはずです。国には公選法の改正を行う義務が課されることになりますが、万が一、経過期間中に改正が行われないということも考慮し、投票権年齢と選挙権年齢の不一致という混乱を避けるため、このような規定が置かれたのです。

　本条に関し、民法及び公選法は、経過期間中に改正法が**公布**されていることを要する（施行までは要しない）というのが**立法者意思**です。[*4]

[*4] 衆院憲法特委（2007年4月12日）における、船田元・併合修正案提出者（自民）の答弁参照。なお、衆院憲法特委（2007年3月29日）においては、「個人的に考えておりますのは、この3年間の間に、できれば少なくとも公選法につきましては施行されることが望ましい」と述べています。

Q24 投票権が認められない人はいるの？

条文

国民投票法4条、公選法11条

ポイント

成年被後見人には、投票権は認められません。

解説

● **成年被後見人**

国民投票の投票権には、**積極的要件**と**消極的要件**があります。積極的要件とは、投票資格が認められる要件を、消極的要件とは、投票資格が認められない要件をいいます。

国民投票法3条は満18歳以上の日本国民を積極的要件とする一方[*1]、4条は「**成年被後見人は国民投票の投票権を有しない**」とし、消極的要件を定めています。

成年被後見人とは、〈行為の結果を弁識するに足るだけの精神能力を通常欠いている者で、家庭裁判所によって後見開始の審判を受けた者〉をいいます（民法7条）。実務レベルでは、およそ7歳未満の未成年者の判断能力程度と考えられています。

● **公民権停止中の人の扱い**

公選法11条1項各号は、選挙権と被選挙権の消極的要件を定めていますが（いわゆる公民権停止中の者）、国民投票法は、4条以外に投票権の消極的要件を定めた規定はありません。したがって、選挙権と異なり、在監者などは国民投票の投票権は認められます（次頁表）。

---

*1 投票権を有していても、投票期日に投票人名簿に記載されていない者（国民投票法53条1項本文）、国民投票の投票権を有しない者（国民投票法54条）は、投票できません。

ステップ6 投票権

参政権的権利との要件比較

	参政権的権利（選挙権、被選挙権）	国民投票の投票権
積極的要件 消極的要件	満20歳以上の日本国民 成年被後見人 刑に処せられた者 　ア．禁錮以上の刑 　イ．公職にある間に犯した収賄罪等 　ウ．選挙犯罪 　エ．政治資金規正法違反の罪	満18歳以上の日本国民 成年被後見人

　なぜなら、国政選挙に限っては、通常何年に1回かは必ず実施されますが（少なくとも参院選挙の半数改選は3年に1回）、国民投票の場合には、憲法改正の発議がいつ行われるかも分からず、しかもその国民投票の結果が将来何十年先、何百年先までの国家を左右する重要な意思決定といえますから、投票機会の確保の要請がより高いと言えるからです。[*2]

---

*2 衆院憲法特委（2006年10月26日）における、加藤勝信・与党案提出者（自民）の答弁参照。

Q25 投票に関する原則とは？ 例外は？

条文

憲法14条、15条4項、国民投票法47条、55条～62条

ポイント

国民投票に関しては、①一人一票、②秘密投票、③投票期日・投票所投票、④自書投票、の各原則があります。

解説

●**一人一票の原則**

憲法14条の平等原則（法の下の平等）は、選挙だけでなく、国民投票においても妥当します（投票機会の平等）。

国民投票において、投票者は一人につき一票を投じることができます。国民投票法47条は、「投票は、**国民投票に係る憲法改正案ごとに、一人一票に限る**」と規定しています。

本条は憲法上の要請を受けての規定です。一人一票の原則に**例外**はありません。

選挙の場合には、有権者数と被選挙人の定数（割合）が選挙区ごとに異なり、投票価値の不平等（一票の格差）をもたらしますが、国民投票では投票価値は完全に平等です。一票の格差という問題は発生しません。

●**秘密投票の原則**

憲法15条4項は、選挙における秘密投票を定めています。秘密投票の原則は、国民投票においても妥当します。

国民投票法57条2項は、「**投票用紙には、投票人の氏名を記載してはならない**」と規定しています（記載した場合、82条2号により**無効票**になります）。また、66条は、「何人も、投票人のした投票の内容を陳述する義務はない」と

規定しています。

　本条も憲法上の要請ですので、秘密投票の原則に**例外はありません**。

　投票の秘密を侵害した場合には、**罰則**の対象となります（→Q40）。

●投票期日・投票所投票の原則

　投票期日・投票所投票の原則とは、投票人は国民投票の期日（当日）に、投票所に行き、投票しなければならないという原則です（国民投票法55条1項）。

　投票期日・投票所投票の原則には、**例外**があります。

　選挙と同様、投票期日に投票に行けない人には、**期日前投票**（国民投票法60条）が、投票区内の投票所に行けない人には、**不在者投票**（同法61条）という制度があります。

　海外に在住している人は、**在外投票**（国民投票法62条以下）が利用できます。

●自書投票の原則

　投票人は、投票用紙の記載欄に**自書**しなければなりません（国民投票法57条1項）。他人に書かせたり、○の記号をスタンプで押印したりするものは自書とはいえず、**無効**です（同法82条3号）。

　例外的に、自書できない人のために、**代理投票**（同法59条）の制度があります。

Q26 投票人名簿はどのように作られるの?

条文

国民投票法20条、21条、22条、53条

ポイント

　投票人名簿は、投票権者を確定し、投票所で投票資格者を照合するために必要です。
　国民投票が行われるたびに、市区町村の選挙管理委員会が、住民基本台帳をもとに調製します（応急名簿）。

解説

●選挙人名簿とは異なる「投票人名簿」

　投票権者が投票をするためには、**投票人名簿**に登録されることが必要です（国民投票法53条）。投票人名簿には、投票人の氏名、住所、性別及び生年月日等を記載しなければなりません（同法21条）。

　選挙人名簿（公選法19条等・永久名簿）とは別に、投票人名簿が調製されることとされています（国民投票法20条以下）。公選法上の選挙権者と国民投票の投票権者が年齢以外の点でも異なる部分があるために、選挙人名簿が永久名簿であるからといってそのまま使用することはできません。

　以下の二点で、名簿の被登録資格が異なっています。
①「3か月要件」を撤廃したこと
　国民投票法22条1項は、投票人名簿への**被登録資格**を定めています。登録は、市区町村が**職権**で行います。

[1号資格者]　国民投票の期日前50日に当たる日（登録基準日）において、当該市区町村の**住民基本台帳**に記録されている者

> [2号資格者] 登録基準日の翌日から14日以内に当該市区町村の住民基本台帳に記録された者であって、登録基準日においていずれの市区町村の住民基本台帳にも記録されていない者（登録基準日後当該住民基本台帳に記録されたまでの間に他の市町村の住民基本台帳に記録されたことがある者及び当該住民基本台帳に記録された日においていずれかの市区町村の在外投票人名簿に登録されている者を除く）

　日本国内で通常生活している者は、1号資格者に該当します。

　2号資格者については、登録基準日において市区町村の住民基本台帳に記録されていないので投票人名簿に登録されない者、また、外国に住所を有しないため在外投票人名簿の登録申請ができない者などが想定されます。

　公選法は、選挙人名簿の登録に関し、「引き続き三箇月以上登録市区町村等の住民基本台帳に記録されている者について行う」という、いわゆる**3か月要件**が課されています（公選法21条1項、住民基本台帳法15条1項等）。国民投票法22条1項1号は、このような要件は課していません。

②公民権停止中の者に投票権が認められること

　Q24で確認したように、いわゆる公民権停止中の者にも、国民投票の投票権が認められます。選挙人名簿には登録されませんが、投票人名簿には登録されます。

● 国民投票ごとに調製

　国民投票法20条1項は「市区町村の選挙管理委員会は、国民投票が行われる場合においては、投票人名簿を調製しなければならない」とし、同条5項は「当該国民投票に限り、その効力を有する」と規定しています。投票人名簿は、国民投票ごとに調製される**応急名簿**です[*1]。

　反対に、公選法19条1項は、「選挙人名簿は、永久に据え置くものとし、

＊1 法制上、応急名簿という表現は使われていませんが、永久名簿に対応する語がないので、あえてこのような呼称を使いました。

名簿分類

	永久に据え置かれるか、投票ごとに調製されるか？	申請により登録されるか、市区町村の職権で登録されるか？
選挙人名簿	永久名簿	職権主義
投票人名簿	応急名簿	職権主義
在外選挙人名簿	永久名簿	申請主義
在外投票人名簿	応急名簿	職権主義（＋申請主義）

かつ、各選挙を通じて一の名簿とする」と規定します。選挙人名簿は**永久名簿**です。

　国民投票は、選挙に比べて実施される頻度が著しく低いことから、投票人名簿を永久名簿とすると、事務負担が過重になるといわれています。

Q27 海外にいる日本人は投票できるの？

条文

国民投票法33条〜37条、53条

ポイント

通常の国政選挙と同様、在外投票の制度が設けられました。海外在住の日本人も投票できます。

解説

●在外投票の意義

今や国際化の時代になり、海外に在住する日本人は100万人ともいわれています。

第42回衆院議員総選挙（2000年6月）から、**在外投票制度が導入されています**。海外に在住する日本人は、衆参両院の比例代表選挙の投票が可能とされました（公選法30条の2以下）。

第44回衆院議員総選挙（2005年9月）では、82,753人が在外投票登録をし、実際に21,366人が在外投票を行っています（投票率25.8％）。

その後、第154回通常国会では、公選法の一部改正が行われ、在外投票に関する制度改正が行われています（2006年6月7日成立、同14日公布、2007年6月1日施行）。

その内容は、

①衆院小選挙区選出議員及び参院選挙区選出議員の選挙を対象に加えたこと、

②在外選挙人名簿の登録の申請は従来、同一在外公館の管轄区域内に3か月以上居住しなければならなかったものを、在外公館への「在留届」の提出と同時に申請できるとしたこと（3か月要件の撤廃）、

の二点です。[*1]

当該法改正は、**在外邦人選挙権に関する最高裁大法廷判決**（最大判平17年9月14日）が契機となりました。
　判決は、「憲法は、国民主権の原理に基づき、両議院の議員の選挙において投票をすることによって国の政治に参加することができる権利を国民に対して**固有の権利として保障**しており、その趣旨を確たるものとするため、国民に対して投票をする機会を平等に保障しているものと解するのが相当である」「在外国民は、選挙人名簿の登録について国内に居住する国民と同様の被登録資格を有しないために、そのままでは選挙権を行使できないが、憲法によって選挙権を保障されていることに変わりはなく、国には、選挙の公正の確保に留意しつつ、その行使を現実的に可能にするために**所要の措置を執るべき責務**があるのであって、選挙の公正を確保しつつそのような措置を執ることが事実上不能ないし著しく困難であると認められる場合に限り、当該措置を執らないことについて……やむを得ない事由があるというべきである」と、選挙権保障の意義と、**在外投票の重要性**に触れています。
　代表者を選ぶ選挙よりも憲法改正権を行使するほうが、より重要なので、上記判例の趣旨は、国民投票についても当然あてはまります。[*2]

●在外投票をするためには

　国民投票の投票権は国民主権に直結する重要な権利です。海外に在住する日本人にも、投票権は可及的に保障されるべきです。
　国民投票法は第2章第4節で詳細な規定を置いています。
　市区町村の選挙管理委員会は、在外選挙人名簿とは別に**在外投票人名簿を調製すること**とされています[*3]（国民投票法33条）。在外投票をするためには、この在外投票人名簿に登録されることが必要です（同53条1項）。
　国民投票法35条は、在外投票人名簿の**被登録資格**として、

＊1　衆議院調査局第二特別調査室『公職選挙法改正案関係資料（第164回国会）』（2006年）
＊2　衆院憲法特委（2005年10月13日）における、高見勝利参考人（上智大学法科大学院教授）の発言参照。
＊3　投票人名簿と同様、応急名簿です（→Q26）。

ステップ6　投票権　｜　71

在外投票人名簿への登録

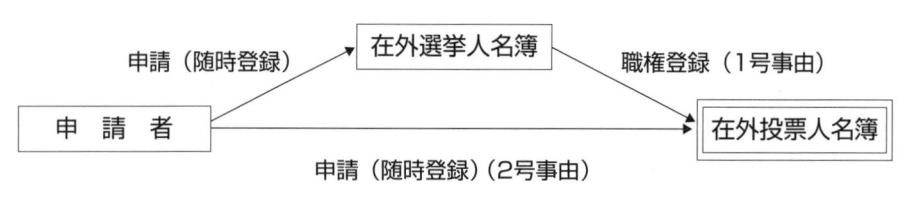

```
                        在外選挙人名簿
        申請（随時登録）↗         ↘ 職権登録（1号事由）
  申請者                                        在外投票人名簿
              申請（随時登録）(2号事由)      ↗
```

> 1号事由：**登録基準日**（国民投票の期日前50日。→Q24）において当該市区町村の**在外選挙人名簿に登録されている者**（登録基準日においていずれかの市区町村の住民基本台帳に記録されている者を除く）
>
> 2号事由：36条1項の規定により在外投票人名簿の登録の**申請をした者**（当該申請に基づき在外投票人名簿の登録を行おうとする日においていずれかの市区町村の投票人名簿に登録されている者を除く）

と定めています。

　在外選挙人名簿への登録も申請に基づいて行われますので（公選法30条の5）、いずれにせよ申請が必要です。在外邦人に関しては、国内の住民基本台帳に相当するものがありませんので、職権登録で捕捉困難な者は、本人の申請によってカバーするしか方法がありません（2号事由）。

　申請手続は、次のような流れになります（同法36条）。

　申請は**文書**で行うこととされていますが、電話や電子メールなどの手段でも可能なように制度を改正すべきではないかと考えます[*4]。

　最終住所地（又は本籍地）の市区町村選管は、申請者が被登録資格を有するかどうかを本籍地の市区町村長に照会します。戸籍の附票を確認することによって、二重登録等を防ぐことができます（この点は政令事項です）。

　在外投票人名簿には、最終住所（投票人が国外へ住所を移す直前に住民票に記載されていた住所）又は申請の時における本籍、性別及び生年月日等が記載され

---

*4 参院憲法特委・さいたま地方公聴会（2007年5月10日）における拙論参照。

在外投票の申請手続

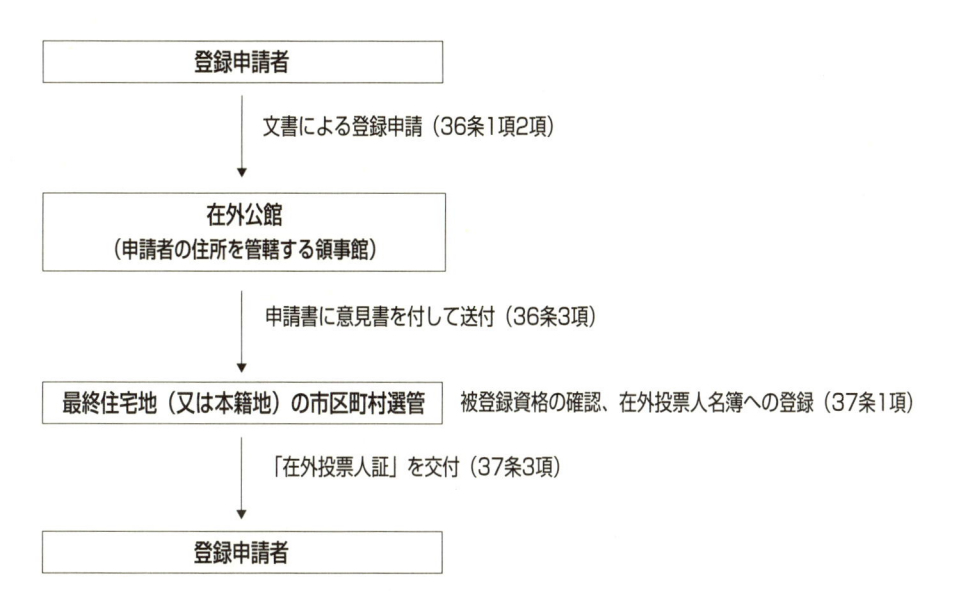

```
┌─────────────────────┐
│     登録申請者       │
└─────────────────────┘
          │ 文書による登録申請（36条1項2項）
          ▼
┌─────────────────────┐
│      在外公館        │
│（申請者の住所を管轄する領事館）│
└─────────────────────┘
          │ 申請書に意見書を付して送付（36条3項）
          ▼
┌─────────────────────┐
│最終住宅地（又は本籍地）の市区町村選管│  被登録資格の確認、在外投票人名簿への登録（37条1項）
└─────────────────────┘
          │「在外投票人証」を交付（37条3項）
          ▼
┌─────────────────────┐
│     登録申請者       │
└─────────────────────┘
```

ます（同法34条）。

　申請者には、**在外投票人証**（在外投票人名簿に登録されている者であることの証明書）が交付されます（同37条3項）。在外投票人証は、当該国民投票に限り有効です（同条4項）。

●在外投票の方法

　在外投票の方法は、①在外公館投票、②郵便投票、③帰国投票の3つがあります。手続の詳細は政省令で定められます。

①在外公館投票

　国民投票の**期日前14日**に当たる日から国民投票の**期日前6日**に当たる日までの間に、自ら在外公館の長の管理する投票を記載する場所に行き、在外投票人証又は在外選挙人証及び旅券その他政令で定める文書を提示して、投票用紙に投票の記載をし、これを封筒に入れて**在外公館の長に提出**する方法です（同法62条1項1号）。

②郵便投票

当該投票人の現存する場所において投票用紙に投票の記載をし、これを郵便等により送付する方法です（同法62条1項2号）。

①在外公館投票と②郵便投票は、「いずれかの方法により行わせることができる」（同62条1項）とされています。選択制です。

③帰国投票

在外邦人が一時帰国した際、投票できます（同法62条2項）。在外投票人名簿に登録されている市区町村、あるいは登録地以外で可能です。

国民投票の期日における投票のほか、期日前投票（→Q48）、不在者投票（→Q49）も可能です。[*5]

---

*5 重度障害者、船員等の不在者投票に関する規定等（国民投票法61条2項〜8項）は、適用除外となっています（同62条3項）。

Q28 国民投票運動って何？選挙運動とは何が違うの？

条文

国民投票法101条1項

ポイント

国民は、国民投票運動と憲法改正案に関する一般的な意見表明を原則自由に行うことができます。

国民投票運動には法律上の定義があります。選挙運動とは、運動主体の区分、運動の対象、運動の方法などで違いがあります。

解説

●**国民投票運動とは？**

国民投票の周知・広報期間中、主権者である国民は、憲法あるいは憲法改正案に関して、自由に意見を述べ、発表し、討議し、集会を開き、他人に投票を呼びかけ勧誘するなど、様々な行為、キャンペーン活動をすることができます。

その行為態様（運動の程度）に着目して、国民投票運動と一般的意見表明とに分けることができます。

国民投票運動とは、**憲法改正案に対し、賛成又は反対の投票をし又はしないよう勧誘する行為**と定義されます[*1]（国民投票法101条1項）。国民投票運動には、規制（罰則）が定められていますので（→Q29、Q30、Q31、Q35）、これに該当するか否かの判断は重要な意味を持ちます[*2]。

[*1] 国民投票運動の定義は、徐々に厳格化されました。憲法調査推進議連案では、「国民投票に関し憲法改正に対し賛成又は反対の投票をさせる目的をもってする運動」とされていました。

[*2] 国民投票運動という概念が、規制・処罰を念頭に置いた消極的なものにすぎないのではないかとの疑問を呈する意見として、衆院憲法特小委（2006年11月2日）における笠井亮委員（共産）の発言参照。

一般的意見表明とは、**憲法改正案に対する意見の表明及びこれに必要な行為**という、幅広い概念です（附則11条参照）。勧誘行為を伴わない意見発表、討論、集会、演説などが広く含まれます。
　国民投票運動と一般的意見表明は、憲法の国民主権原理並びに表現の自由の保障の下、最大限保障されます。国民投票運動に至らなくても、意見表明権が当然に保障されていることを確認しておく必要があります。

● 国民投票運動の対象は？

　国民投票運動の対象は、**憲法改正案**に対するものでなければなりません。憲法改正案とは無関係な、憲法に関する一般的なテーマで議論がなされ、又は運動がなされているような場合には、国民投票運動には該当せず、憲法に対する一般的意見表明に過ぎません。
　また、**勧誘行為**が要件です。憲法改正案に対する自己の意見を述べるだけでは該当しません。明示的に**相手の投票意思に働きかける行為**が必要です。
　但し、両者の区別は困難な場合があります。通常の意見表明行為が行われているようなケースであっても、意見表明に付随する諸行為を総合的に考察した場合、意見受領者に対する勧誘行為（国民投票運動）と評価される場合があることも否定できません。
　投票の棄権（投票をボイコットさせること）を勧誘することは、国民投票運動には該当しないと解されます。

● 運動の主体の定義

　運動の主体については、積極的な定義をしていません。表現の自由が憲法上保障されている以上、個人でも、法人でも、グループでも、外国人でも[*3]、**誰でも国民投票運動の主体となりえます**。国民投票法は、国民投票運動ができない一部の者について、明文規定を置いています（→Q30）。運動の内容、

[*3] 衆院憲法特委・理事懇談会の論点整理では、外国人による組織的で弊害のある国民投票運動に限って規制してはどうかとの議論がありました。しかし、外国人であっても憲法改正案に対する意見表明を最大限保障する必要性があることと、条文化が困難である（刑罰法規としての明確性が担保できない）との理由から、見送られました（→Q32）。

国民投票運動と選挙運動の異同

	国民投票運動	選挙運動
①民主制との関係	直接民主制	間接民主制
②運動の対象	政策（憲法改正案）	人（候補者、政党、政治団体）
③運動の期間	定義なし	定義あり
④運動の主体	制限なし*	制限あり
⑤運動の内容、態様	制限なし	制限あり
⑥運動の費用	制限なし**	制限あり

　*　投票事務関係者、特定公務員、公務員及び教育者の地位利用を除く。
　**　スポットCM規制あり（国民投票法105条）

運動の期間[*4]についても、法律上の定義はありません。

●選挙運動とは似て非なるもの

　選挙運動とは何か、公選法に直接の規定はありません。

　この点判例は、「特定の選挙について、特定の候補者の当選を目的として、投票を得又は得させるために直接又は間接に必要かつ有利な行為」と定義しています[*5]。

　定義の上では、国民投票運動と選挙運動とは似ている部分もありますが、原理的には似て非なるものです。

　選挙は、有権者が代表者を選んで国家の意思決定を行うという**間接民主制**のプロセスに位置づけられるのに対し、国民投票は有権者が憲法改正の終局的な決定権限を自ら行使するという**直接民主制**の発現形態です[*6]。

　他に、上表のような相違があります。

---

*4 国民投票の告示日から国民投票の期日までが、事実上、国民投票のキャンペーン期間となります。
*5 最三小判昭38年10月22日刑集17巻9号1755頁参照。
*6 準憲法規範である国民投票法と、憲法という「親ガメ」に乗っかった通常の法律（公選法等）とは、立法の理念が異なるとされます。「親ガメ・子ガメ論」と呼ばれます。参院憲法調査会（2006年4月26日）における、簗瀬進委員（民主）の発言参照。

Q29 国民投票運動に一定の規制（罰則）があるのはどうして？

条文

国民投票法100条〜125条

ポイント

国民投票運動と憲法改正案に関する一般的意見表明は、まったく無制約に自由に行えるというわけではありません。国民投票が公正に行われるために、必要最小限度の規制（罰則）が設けられています。

解説

●国民投票運動の限界

憲法21条1項は「集会、結社及び言論、出版その他一切の表現の自由は、これを保障する」としています。**表現の自由**は、民主主義社会の発展（政治的側面だけでなく文化的側面も含めて）にとって非常に重要な人権であることは言うまでもありません。憲法改正に関する一般的意見表明と同様、国民投票運動も、本条の保障の対象です。

しかし、表現行為が外部に対して発現し、他者の人権（利益）と衝突するおそれがある以上、**公共の福祉**（憲法12条、13条）との調整をし、必要最小限度の規制をおく必要があります。国民投票法は、国民投票の公正を確保するために[1]、国民投票運動に対する規制と罰則を**限定的**に設けています。

国民投票運動規制違反と、国民投票犯罪（→Q39）とは、似ているようで違います。

国民投票運動規制違反の行為は、もともと反道徳的な行為ではなく、法令で定められた禁止行為を行ったために、規制・罰則の対象となるものです[2]。

---

[1] 衆院憲法特委（2006年6月1日）における、船田元・与党案提出者（自民）の提案理由説明を参照。
[2] 例えば、公務員等の地位利用による国民投票運動は、禁止規定のみが置かれています（国民投票法103条）。

行政犯あるいは法定犯ともいわれます。

　国民投票犯罪とされる行為は、**組織的多数人買収**など（→Q39）、行為それ自体が反道徳的、反社会的なものです。

● 「注意規定」の意義

　国民投票法100条は「この節（国民投票運動）及び次節（罰則）の規定の適用にあたっては、表現の自由、学問の自由及び政治活動の自由その他の日本国憲法の保障する国民の自由と権利を不当に侵害しないように留意しなければならない」と規定しています。**注意規定**といわれます。

　国民投票法9条は、国民投票運動取締りの公正確保を定めていますが（「検察官、都道府県公安委員会の委員及び警察官は、選挙の取締に関する規定を公正に執行しなければならない」という公選法7条の規定を準用しています）、上記の精神的自由権は一たび侵害されたら回復することが困難であること、しかも憲法改正国民投票という重要な国家行為に関わる事柄であることから、不当な権利侵害が行われないよう、このような注意規定が置かれています。

Q30 運動規制を受けるのは、どんな人？

条　文

国民投票法101条、102条、公選法136条

ポイント

投票事務関係者と選管職員等は、国民投票運動をすることができません。

解　説

●**投票事務関係者の運動規制**

　国民投票法101条1項は、**投票事務関係者**の国民投票運動を禁止しています。投票事務関係者とは、**投票管理者、開票管理者、国民投票分会長、国民投票長**を指します。

　投票管理者は、国民投票ごとにおかれ、**投票区**においてその事務を担当します（国民投票法48条）。投票人名簿の対照（同法55条2項）、投票用紙の交付（同法56条1項）、代理投票の許容（同法59条）、仮投票の許容（同法63条）、投票箱・投票録等の開票管理者への送致（同法69条）、投票所の秩序維持（同法74条）等を行います。

　開票管理者も、国民投票ごとにおかれ、開票事務を担当します（同法75条）。仮投票の受理決定（同法80条1項）、投票の点検（同法条2項）、国民投票分会長への開票の報告（同法条3項）等を行います。

　国民投票分会長は、**都道府県ごとにおかれ**（同法89条）、国民投票分会録の作成（同法92条）などを行います。

　国民投票長は**全国に一人**、中央選挙管理委員会が選任します（同法94条）。国民投票録の作成（同法97条）、中央選挙管理委員会への報告（同法98条1項）等を行います。

　上記の者はそれぞれ、投票から開票、国民投票の結果確定までのプロセスに関わります。投票の自由と公正が害されるおそれがあることから、「**在職**

特定公務員の対比表

	国民投票運動	選挙運動
①中央選管の委員	×	×
②中央選管の庶務に従事する総務省の職員	×	×
③選管の委員及び職員	×	×
④国民投票広報協議会事務局の職員	×	×
⑤裁判官	○	×
⑥検察官	○	×
⑦会計検査官	○	×
⑧公安委員会の委員	○	×
⑨警察官	○	×
⑩収税官吏及び徴税の吏員	○	×

中、その関係区域内において国民投票運動をすることができない」とされています。

　不在者投票管理者（→Q49）は、業務上の地位を利用して国民投票運動をすることができません（同法101条2項）。業務上の地位を利用してとは、**日常の職務上有する影響力を利用**することです。

　なお、投票立会人（同法49条）、開票立会人（同法76条）、国民投票分会立会人（同法90条）及び国民投票会立会人（同法95条）は、投票事務に関する権限がないので、規制の対象にはなりません。

● **特定公務員の運動規制**

　国民投票運動が禁止される特定公務員（102条）とは、中央選挙管理会の委員及び中央選挙管理会の庶務に従事する総務省の職員並びに選挙管理委員会の委員及び職員並びに国民投票広報協議会事務局の職員です。

　これらは**国民投票の管理執行に当たる機関**の者です。国民投票の公正と中立を確保するため、職務の区域と無関係に運動が禁止されます。

　なお、与党案では、**国民投票の取締り**に当たる、裁判官、検察官、公安委員会の委員及び警察官を特定公務員として列挙していましたが[*1]、これらの者のより自由な意見表明権を保障するために、与党案の修正段階で削除されました[*2]。

なお、公選法136条は、選管職員等のほか、裁判官、検察官、会計検査官、公安委員会の委員、警察官、収税官吏及び徴税の吏員を特定公務員として定めています。

＊1 これらの特定公務員は、その職務の性格や強制力によって、投票人の意思決定に対し、他の一般公務員ではなしえない存在であるという趣旨で規制が検討されました。衆院憲法特委（2006年11月2日）における船田元・与党案提出者（自民）の答弁参照。
＊2 衆院憲法特委（2007年3月29日）における、保岡興治・併合修正案提出者（自民）の趣旨説明参照。

Q31 公務員や学校の先生は、国民投票運動ができるの?

条　文

国民投票法103条

ポイント

　公務員と教育者は、日常生活において一般市民に一定の影響力を持っています。効果的に行い得る影響力又は便益を利用して、国民投票運動をすることはできません。

解　説

●公務員の地位利用

　公務員といえども、主権者という側面は当然有しています。政治活動（ないし政治的行為）は本来自由にすることができます。

　しかし、判例は、憲法15条2項が公務員を「全体の奉仕者」としている趣旨などからして、**公務員の政治的中立性と公務に対する国民の信頼を確保**するために、政治活動の自由に対する最小限度の制約はやむをえないとの立場を採っています。[*1]

　公務員の政治活動は**公務員法**[*2]で、選挙運動は**公選法**で、個別具体的に禁止行為が定められています。また、公務員法制上は、一定の政治的行為が明文で禁止されています。

　国家公務員の政治的行為は、国家公務員法102条1項、人事院規則14-7などが根拠となり、規制されています。違反した場合には、罰則の対象となります。

＊1 猿払事件判決（最大判昭49年11月6日刑集28巻9号393頁）は、合理的関連性の基準を用い、国家公務員法102条、人事院規則14-7を合憲としています。近時の判例（東地判平18年6月29日）も同じ趣旨です。
＊2 国家公務員法102条は裁判所職員にも準用されます。自衛隊員については自衛隊法61条が規定しています。

ステップ8　運動主体に対する規制

地方公務員の政治的行為については、地方公務員法36条に規定があります。原則として所属する自治体区域の行為に限定されています。但し、罰則規定はありません。

　また、公選法136条の2は、選挙の自由と公正の確保のため、公務員の地位を利用した選挙活動等を禁止しています。

　選挙における地位利用とは、公務員の地位にあるがために、特に選挙運動を効果的に行いうるような影響力又は便益を利用することと定義されています[*3]。

　国民投票法103条1項は、国民投票運動禁止の対象となる公務員[*4]を定めています。

①国家公務員、地方公務員、特定独立行政法人の役職員、特定地方独立行政法人の役職員、日本郵政公社の役職員
②国民生活金融公庫、住宅金融公庫、農林漁業金融公庫、中小企業金融公庫、公営企業金融公庫又は沖縄振興開発金融公庫の役職員[*5]（2号）

　上記の公務員は、地位利用すなわち**その地位にあるために**特に**国民投票運動を行いうるような影響力又は便益を利用**して国民投票運動をすることができません。労基法3条［均等待遇］とパラレルに考えられています[*6]。

　本条に違反した場合でも、罰則規定がないので**不可罰**です。悪質な問題行為は、**信用失墜行為**に該当すれば行政処分（懲戒等）の対象となり、さらに**職権濫用罪**で処罰されることがあります（刑法193条等）。

---

*3 当初、与党案趣旨説明においては、「許可、認可の権限を有する公務員が、関係者に対し、その影響力に基づく影響力を行使すること」と説明されていました。衆院本会議（2006年6月1日）における、斉藤鉄夫・与党案提出者（公明）の答弁参照。
*4 公務員の中でも管理監督的な権限を持っている者など行為主体をさらに限定すべきとの意見があります。参院憲法特委（2007年5月8日）における宮里邦雄参考人（弁護士、日本労働弁護団会長）の発言参照。
*5 公庫の役職員は、公務員法上の政治的行為禁止規定の対象にはなりません。なお、公選法136条の2第1項2号を参照。
*6 労基法3条は「使用者は、労働者の国籍、信条又は社会的身分を理由として、賃金、労働時間その他の労働条件について、差別的取扱をしてはならない」と規定します。憲法改正に対する賛否は、信条に該当します。参院憲法特委（2007年5月9日）における、葉梨康弘・併合修正案提出者（自民）の答弁参照。

選挙運動の場合は、禁止される区域に制限はありません。罰則規定もあります。

●公務員法の適用除外

国民投票運動は選挙運動とは異なりますが、政治的行為との区別が明確であるとは限りません。**公務員法**（国家公務員法102条1項、人事院規則14−7、地方公務員法36条等）上の**政治的行為の規制に関する規定に抵触する**おそれがあります。

この点、人事院規則は規制される政治的行為の対象に、憲法改正国民投票を具体的に列挙していません。政治的目的を持たない賛否の勧誘行為は、人事院規則上規制される政治的行為に該当しません。

他方、地方公務員法36条2項は〈公の投票において特定の事件を支持し、またはこれに反対する目的をもって一定の政治的行為をしてはならない〉と定めています。公の投票には憲法改正国民投票は当然含まれると解されます。したがって、署名活動等を伴わない単なる賛否の勧誘運動は、目的の有無にかかわらず形式的に本法違反となってしまいます。

つまり、単なる賛否の勧誘運動であっても、国家公務員と地方公務員との間で、不釣合いな関係が生じています。

近時は、一般職の公務員が休日に一定の政治的行為を行い、公務員法違反で逮捕・起訴されるという事件がおきています。とりわけ国民投票運動は、主権者としての地位に基づくものですので、現行法制よりも規制を強化することは、本来認められないはずです。国民投票運動に関してこのような規制・取締りが行われれば、相当な萎縮効果をもたらすでしょう。

そこで、上記の矛盾点を克服するため、**公務員の政治的行為の制限に関する検討**という規定が置かれています（附則11条）。

附則11条［公務員の政治的行為の制限に関する検討］は、「国は、この法律が施行されるまでの間に、公務員が国民投票に際して行う憲法改正に関する賛否の勧誘その他意見の表明が**制限される**ことにならないよう、公務員の政治的行為の制限について定める国家公務員法、地方公務員法その他の法令

の規定について検討を加え、必要な法制上の措置を講ずるものとする」と規定しています。国民投票運動をはじめとする公務員の政治的行為に関し、どこまで自由で、どこからが制約を受けるのか、公務員法制上、**仕分け**が行われることになります。[*7]

　この点、本来であれば、公務員法制上の政治的行為の制限規定を適用除外とする条項を本則に設け、国民投票運動と一般的意見表明を原則自由とする法制上の担保を現段階で設けていくべきという批判が加えられています。[*8]

　民主修正案及び参院民主案では、適用除外とするべき35本の公務員法のリストが明示されています。

●教育者の地位利用

　国民投票法103条2項の規制を受ける教育者とは、公選法と同じく、**学校教育法上に規定する学校の長と教員**を指します。国立・公立の学校の長及び教員に限らず（教育公務員）、私学の長及び教員も含まれるのは当然です。

　教育者は、特に国民投票運動を効果的に行いうるような**児童、生徒及び学生に対する影響力又は便益を利用**することが禁止されます。

　よく、学校の先生が授業中に憲法改正についてコメントしただけで本条の規制対象となるとの批判が加えられますが、これは地位を利用した国民投票運動には該当しないので、このような批判はあたりません。

　国立・公立学校の長及び教員については、政治活動の禁止は**国家公務員と同じ扱いになっています**（教育公務員特例法、地方公務員法57条）。

　国家公務員に準ずるとされた理由は、教育を通じた民主主義の担い手育成という、国民全体への奉仕という面があるからです。教育公務員が違反行為をした場合、行政処分（懲戒等）の対象にはなりますが、罰則はありません。

　教育者の地位利用による選挙運動は、公選法137条で禁止されています。

＊7　衆院憲法特委（2007年3月29日）における、船田元・併合修正案提出者（自民）の答弁参照。
＊8　衆院憲法特委（2007年4月12日）における、枝野幸男・民主修正案提出者の発言参照。さらに、衆院憲法特委・第2回中央公聴会（2007年4月5日）における、拙論参照。

Q32 日本に住む外国人も国民投票運動ができるの？

条文

憲法21条1項

ポイント

外国人は、憲法改正案について自由に意見を表明できます。外国人であるが故に、国民投票法制上、特別な制約を受けることはありません。

解説

● 外国人の運動規制は見送り

憲法改正国民投票は、国家の基本法である憲法を改正するのか、改正しないのかという、重要な政治的意思決定です。

国民投票の投票権は、**国家への帰属**（国籍）を前提とした政治的権利です。主権を有する日本国民だけが国民投票の投票権を有し、日本国籍を有しない外国人に投票権が認められないのは自明のことです[1]。

もっとも、日本国籍を有しない外国人に投票権は付与できないとしても、国民投票運動と一般的な意見表明権は、表現の自由の範囲内として保障していいのかどうか問題となります。

かつて、外国人（政府・法人を含む）が不当に影響力を行使する場合、国民の判断が歪められるおそれがあるとして、一定の規制は必要ではないかという意見がありました。

しかし、議論の過程で、規制は見送られています。

それは、

①日本国外にいながら国民投票運動を行うことができるので、規制を及ぼす

---

[1] もっとも、一般的国民投票では、定住外国人に国民投票の投票権を付与した例があります。1980年3月23日にスウェーデンで行われた、原子力発電所建設の是非を問う国民投票では、定住外国人にも投票資格が認められました。

実効性が担保できない、[*2]

②外国人による組織的で弊害のある国民投票運動に限定するには、条文化が困難である、[*3]

③定住外国人にとって利害関係を有する憲法改正案が発議された場合（第3章に規定する権利・義務など）には、当事者として意見を表明する機会が与えられるべきである、

ということが理由として挙げられています。

[*2] 自民・公明両党の与党協議会案（旧旧与党案・2004年12月）では、外国人の国民投票運動の禁止等、規制を設ける方向で検討されていました。具体的には、(ア)外国人は国民投票運動をすることはできない、(イ)外国人、外国法人等は、国民投票運動に関し、寄附をしてはならず、何人も、国民投票運動に関し、外国人、外国法人等から寄附を受けてはならない、(ウ)何人も、国民投票運動に関し、外国人、外国法人等に対し、寄附を勧誘し、又は要求してはならない。これは外国人の表現活動のみならず、経済的な影響力をも排除しようという趣旨であり、(ア)〜(ウ)に対応する罰則規定も想定されていました。

[*3] 衆院憲法特委・理事懇談会の論点整理の中で、このような提案がなされていました。

Q33 国会議員、政府も国民投票運動を行ってもいいの?

条文

憲法21条1項

ポイント

国会議員、政府は国民投票運動を行うことができます。一般的意見表明も同様です。

解説

●国民投票キャンペーンの旗振り役として

国民投票の期日が告示されれば事実上、**国民投票キャンペーン**が始まります（国民投票法2条参照）。

憲法改正案に賛成した議員、反対した議員がそれぞれ、投票期日までの間、国民投票キャンペーンの旗振り役として、国民との議論に積極的に関わっていくことが期待されます。

国民投票キャンペーンの主役は、主権者である国民ですが、憲法を改正するのか、改正しないのか、その終局的判断を国民に投じたからには、議員自らが意見を述べたり、国民投票運動を行うことが重要な意味を持ちます。

とくに、政党の憲法改正案（提言）が、国会内のどのような合意形成を経て、どのような理由で、今回の憲法改正案に賛成、反対又は棄権するに至ったかを明確にすべきです。[*1]

例えば、学生や市民グループなどが主催する公開討論会や各種集会への参加、政党広報紙（機関紙）、自ら開設するホームページ、ブログで自らの立場と見解を示すことなどが挙げられます。

[*1] 衆院憲法特委（2006年12月7日）における葉梨康弘・与党案提出者（自民）の発言参照。

● **政府の国民投票運動を禁止せず**

　憲法改正案は国会が発議しますが（憲法96条1項）、内閣、裁判所や自治体が組織として国民投票運動を行ってよいのかどうか問題となります。

　なぜなら、内閣や自治体は統治機構の一部であり、公権力に他なりませんが、憲法によってその機能・作用に制限が加えられるという、いわば拘束される側にあるので、憲法改正案に係る賛否のキャンペーンに能動的に関わることは背理だと言えなくもないからです。

　また、政府はキャンペーン期間中、莫大な資金を投入し、様々な広報・宣伝活動をすることもできます。

　しかし、国民投票法は、明文で禁止していません[*2]。国の行政機関（国家行政組織法3条・7条で定まる組織）、自治体の執行機関（地方自治法138条の2以下で定まる組織）を制限するといっても、究極的には所属する個人の活動、運動を対象にすれば十分だからです（→Q31）。

　国民投票法においては、国民投票運動で費消していい**運動費用の上限額は定められていません**が、投票期日前一定期間は**広告規制**があります。政府も規制の対象です（→Q36）。

＊2　政府の国民投票運動を禁止すべきとの立場として、衆院憲法特委（2005年10月20日）における辻元清美委員（社民）の発言参照。

Q34 メディアにはどんな役割が期待されているの?

条　文

放送法3条、3条の2、電波法4条

ポイント

メディアは、憲法改正案に関する多角的な観点での報道、出版を行い、国民に対して豊富な判断材料を提供するという公共的役割を担っています。

解　説

● メディア分類

メディアは概ね、**放送メディア**、**活字メディア**、**インターネットメディア**の三つに分類することができます。

```
放送メディア……テレビ、ラジオ
活字メディア……新聞、雑誌
インターネットメディア……ウェブサイト、掲示板、ブログ等
```

一般に、メディア事業者には**報道の自由**が保障されています（憲法21条1項）。公共の福祉に反しない限りにおいて、公権力の介入なくして、自由に放送し、又は出版をすることができます。

放送メディアには、活字メディアにはない**特別な法規制**が課されています。

つまり、①開局が免許制であること（電波法4条）、②放送事業者に対して、国内放送の放送番組の編集等の指針を法律で定めていること[*1]（放送法3条の2）、③放送番組審議会の設置が義務付けられていること（放送法44条の2、51条）、です。活字メディアには、このような法的規制はありません（→Q35）。

このような特別な規制が設けられているのは、(ア)**電波有限論**（放送用の周波

数は有限であり、チャンネル数には限りがあること)、(イ)映像と音による情報は時として理性的判断を誤らせることがあり、一定の法的規制が必要であること、が根拠とされています。

●国民投票報道の重要さ

　メディアには、憲法改正案に関して、多角的な視点の報道が求められます。とくに国民投票広報協議会が作成する国民投票公報にはない観点、意見を採り入れて、幅の広い、分かりやすい報道が期待されるところです。

　基本的にはメディアの自律に委ねられると思いますが、番組のキャスターなどが憲法改正案に対して、賛成、反対どちらかの立場を明確にし、積極的に意見を述べることも排除されるべきではありません。

　公選法で禁止されている予想投票の公表も、あえて積極的に実施することにより、キャンペーン期間中の世論を明らかにすることでさらなる議論を喚起することも期待されます。

---

*1 放送法3条の2第1項【国内放送の放送番組の編集等】
　放送事業者は、国内放送の放送番組の編集に当たっては、次の各号の定めるところによらなければならない。
　① 公安及び善良な風俗を害しないこと
　② 政治的に公平であること
　③ 報道は事実を曲げないですること
　④ 意見が対立している問題については、できるだけ多くの角度から論点を明らかにすること

Q35 メディア規制はあるの?

条　文

国民投票法104条、放送法3条の2

ポイント

　国民投票法制上、メディアに対する直接的な規制はなく、留意規定が置かれるにとどまっています。実際は、業界が独自に定めるルールに従うことになります。

解　説

●メディア規制のレベル

　各種メディアがそれぞれの特性を活かして、客観的な報道をベースにしながらも、憲法改正に関して自由かつ多様な議論が展開されることが望まれます（→Q33）。

　しかし、憲法改正案に対する事実歪曲や、顕著に偏向した報道がなされるなど、メディアが報道、出版の自由を濫用すれば、国民の判断に不当な影響が及ぶおそれがあります。

　そこで、憲法改正についての報道が正しく行われるよう、メディア規制を行うべきかが検討されてきました。

　そもそも、メディア規制の目的に応じ、手段が異なります。

　第一に、表現内容に対して**直接、法的な規制をかける**というものです。例えば、虚偽報道等を禁止する公選法148条1項、151条の3のような規定です。公選法は罰則規定も置いています。

　選挙報道など特定の候補者を対象とするものとは異なり、憲法改正案という政策の是非をめぐる報道では、何を以て虚偽報道とするか、その特定は非常に困難といえましょう。

　第二に、メディアに対して**自主的な取組み**を求めるものです。例えば、学

識経験者などを含めた、第三者機関を設置し、憲法改正に関する報道が中立・公正に行われているかどうかをチェックさせることなどです。
　第三に、表現の自由を濫用しないよう、メディアに対する**訓示的な規定**を設けるものです。

●国民投票放送の留意規定

　国民投票法は、メディアの自律への信頼と、規制を置いた場合の**萎縮効果**に配慮し、メディア規制に関する直接的な規定を設けていません。以下のような、業界独自の取り組み（メディアの自律）に基本的に委ねられます。
　Q34で確認したように、NHKと一般放送事業者は、放送法の適用を受けます。*1 その上で、放送倫理基本綱領を定め、第三者機関として放送倫理・番組向上機構（BPO）という組織が置かれています。
　日本新聞協会*2は新聞倫理綱領を定め、第三者機関としてゾーニング委員会という組織を置いています。
　日本雑誌協会は雑誌編集倫理綱領*3を定めていますが、第三者機関は置いていません。
　インターネットメディアについては、国民投票法は一切の規定を置いていません。もともと、規制する前提で制度設計されていません。むしろ、憲法改正に関するフォーラムとしては将来、インターネット（ホームページ、ブログ、掲示板など）が中心になるとの見方もあります。
　インターネットには、他の媒体の不公正、不公平をチェックする機能も期待されます。*4

---

*1　放送法1条にいう放送の自律とは、放送局の自律ではないと理解されています。衆院憲法特委（2006年4月13日）における、石村英二郎参考人（日本放送協会理事）の発言参照。「単に放送局がみずからを律するということを規定しているわけではなく、放送というコミュニケーションの場が自由であり、その場でさまざまな人がさまざまな意見を交わすことを通して、よりよい判断、よりよい結論が見出されていくことをこの法律（放送法）は期待しているというふうに私は理解しております」と述べています。
*2　日本新聞協会はいかなるメディア規制にも反対する旨、代表幹事の談話を発表しました（2006年5月2日）。
*3　雑誌編集倫理綱領には、政治的公平を担保する文言は入っていません。
*4　衆院憲法特委・第2回中央公聴会（2007年4月5日）における、拙論参照。

すべての報道、出版について直接的なメディア規制は設けないという立場を採る一方、放送メディアは情報の一過性によって、情緒的、感情的な報道が人々の情に訴えることで、世論がそれに流されるという懸念もあります。
　そこで、国民投票法104条は、「一般放送事業者は、国民投票に関する放送については、放送法第3条の2第1項の規定の**趣旨に留意**するものとする」と定めました。これは、併合修正案及び民主修正案の提出段階で追加された条文ですが、**新たなメディア規制ではない**とされています[*5]。
　さらに、本条はスポットCM規制の規定（→Q36）の前に置かれていることから、「国民投票に関する放送」は、一般的な意味でのニュース、報道に限らず、広告放送についても公平を担保するよう、留意するものとする趣旨と解されます。
　例えば、ある憲法改正案の意見広告が、意見を異にする他の広告よりも視聴率の高い時間に放映されたり、放映回数が多かったり、広告費用が安価に設定されたりするなど、意見内容によって条件の有利、不利が左右するとなれば、メディアパワーが歪んだかたちで利用されることになってしまいます。
　つまり、憲法改正案の賛否の広告放送（CM）は、条件面において平等に扱われることを要します。そして、そのルールはメディア業界が独自に設定する必要があります[*6]。

[*5] 衆院憲法特委（2007年3月29日）及び参院憲法特委（2007年4月17日）における、船田元・併合修正案提出者（自民）の答弁参照。
[*6] 広告放送の条件面での平等を規定することが検討されましたが、CM内容に中立でなくなり、編集権にも影響するおそれがあることから撤回されました。参院憲法特委（2007年4月18日）における、船田元・併合修正案提出者（自民）の答弁参照。

ステップ9　メディア・広告規制

Q36 スポットCMが一定期間規制されるのはどうして?

条文
国民投票法105条

> **ポイント**
>
> 国民が憲法改正案の是非について冷静な判断をする期間(冷却期間)を確保するために、投票期日前14日間は、スポットCMが規制されます。

解説

●広告とは? CMとは?

憲法改正案に対する**意見広告の自由**は、意見広告主の表現の自由の保障という観点からも、投票に臨む国民が幅広い情報と判断材料を得るという観点からも、最大限保障されるべきです。

そもそも**広告**とは、テレビ・ラジオの放送広告、新聞広告、雑誌広告、インターネット広告、交通広告(電車内の中吊り、駅のホーム、バスのラッピングなど)、野外広告(サッカー場、野球場などの観客席に掲示されたもの)、ダイレクトメール、駅頭で配布するチラシなど、さまざまな媒体からなっています。

国民投票法が規制対象としているのは、放送広告のみです。投票期日前の一定期間は、スポットCMが規制されます。

スポットCMとは、**テレビ・ラジオ番組のスポンサーとはならないCM**です[1]。憲法改正案に対する意見広告は、放送メディアにおいて、スポットCMとして放送する自由が認められています。

スポットCMには、前番組の終りから次の番組始めの間にスポットCMを放映するステーションブレイク(SB)と、番組の中でスポットCMを放映するパーティシペーション(PT)があります。

---

[1] 番組のスポンサーとなり、番組中にCMを流すのは、タイムCMと呼ばれます。

スポットCMは、広告の量や時間を任意に決めることができます。

国民投票法105条は、「何人も、国民投票の期日前14日に当たる日から国民投票の期日までの間においては、次条（憲法改正案広報放送→Q42）の規定による場合を除くほか、一般放送事業者等の放送設備を使用して、**国民投票運動のための広告放送をし、又はさせることができない**」と規定しています。[*2]規制されるスポットCMは、国民投票運動のための広告放送です。

投票期日前14日間とされた結果、この期間はちょうど**期日前投票の期間と一致**します（→Q48）。

何人も、としていることから、国民投票の投票権を有する者に限らず、政府、法人、外国人も含まれます。政党に対しては、放送広告の無料枠（憲法改正案広報放送＝政見放送に類似する広報番組）が認められます（→Q42）。

憲法改正案に対する意見表明や、純然たる論評は規制の対象となりません。

なお、本条に違反しても、罰則はありません。

●スポットCMが規制される理由

憲法改正案に対する意見広告（→Q35）は、放送メディア（テレビ・ラジオ）のほうが、活字メディアよりも影響力が大きく、内容よりもイメージが先行しがちで、ときにその弊害を指摘する意見もあります。

例えば、国民投票の投票日が間近に迫ったタイミングで、国民多数への影響が大きい放送媒体を使ってCMが流されたときには、それが扇動的に行われるほど、国民の賛否の判断が歪められてしまいます。投票日直前にはその広告内容に反論する十分な時間的余裕がありません。とりわけ、有名人の起用などにより、世論が大きく流されることもあるでしょう。

[*2] 憲法改正発議後、スポットCMを全面的に規制すべきとする立場として、斉藤駿"緊急提言 国民投票のテレビ意見広告は「2週間禁止」から「全期間禁止」にすべきだ"、マガジン9条、＜http://www.magazine9.jp/saito/index.html＞、（参照2007.06.01）があります。さらに、衆院憲法特小委（2006年12月12日）及び衆院憲法特委（2007年3月29日）における、枝野幸男・民主党案提出者の発言参照。民主修正案及び参院民主案は、全面禁止案を採用しました。

したがって、投票期日前の一定期間は、いわば国民が冷静な判断を行うための**冷却期間**として、スポットCMが規制されているのです。資金量の多寡によって、賛成・反対どちらかに偏った放送広告が氾濫することを防ぐため、**間接的に総量規制を及ぼす**という意義もあります。[*4]

スポットCM規制は「メディア規制」という側面もありますが、本質的には広告主に対する規制です。

---

*3 衆院憲法特委（2006年6月1日）における天野祐吉参考人（コラムニスト）の発言参照。意見広告は放送メディアとは馴染んでおらず、悪用されればマインドコントロールにつながるとし、何らかのCM規制の必要性を唱えています。
*4 スポットCM規制に係る意見の整理として、拙稿"イヤでもわかる！国民投票法案　第7回　スポットCMの功と罪"、［国民投票／住民投票］情報室、< http://ref-info.net/yomimono/kouza07.html >、（参照2007.06.01）を参照。

Q37 戸別訪問、ホームページの開設などは自由なの？

条　文

憲法21条1項

ポイント

　公選法上は禁止されている戸別訪問、連呼行為、ホームページやブログの開設、メールマガジンの配信などは、自由に行うことができます。

解　説

●国民投票運動と意見表明の自由を徹底

　公選法は、選挙運動の方法に関して、文書図画の頒布・掲示の制限、演説会・街頭演説の開催制限、連呼行為の禁止、戸別訪問の禁止、署名運動の禁止など、さまざまな規制を置いています。とくに戸別訪問は、**買収や利害誘導**などを招きやすいため、あえて禁止規定が置かれています。

　これらの行為は、選挙の自由と公正を担保するために、運動をする側に規制が向けられ、それぞれ罰則が定められています。

　他方、一般の国民が投票権者であると同時に運動主体である、つまり運動の客体と主体を区別することができないのが、国民投票運動と憲法改正案に関する一般的意見表明の特質です。公選法と同じような規制類型を設けてしまっては、その対象が国民全体に及ぶため、表現の自由に大きな萎縮効果を及ぼします。[*1]

　したがって、国民投票法は、戸別訪問の禁止など、国民投票運動と意見表明の方法に関する規制を設けていません。

[*1] 衆院憲法特委（2006年3月16日）における斉藤鉄夫委員（公明）の発言参照。「戸別訪問、飲食物の提供、予想投票につきましても、人を選ぶ公職選挙とは基本的に性格が異なりますので、基本的に規制しないで良識に任せるのがふさわしいと思われます」と述べています。

ステップ10　運動内容・費用に対する規制

●ネット上の意見表明や意見発信も自由

　国民投票キャンペーンが始まる前から、誰もが憲法改正をテーマに扱うホームページやブログを開設したり、あるいはメールマガジンを配信することができます。

　国民投票法においては、文書規制が一切ありません。紙媒体よりも規模が特定されないインターネット上の情報については、規制の対象とならないことは明らかです。また、情報の匿名性、大量性からして、規制をかけようとしても、かけられないのが実態です。

　さらに、インターネットにおいては反論する場が確保されていることから（情報の受け手と送り手の融合）、むしろ規制の意味はないとの考え方もあります[*2]。

　国民投票は主権者としての権利行使である以上、国家の基本を定める憲法の改正の是非について、制約なく意見を述べ、発信する自由が保障されなければなりません。ホームページやブログは、憲法改正というテーマについて自由に論じ合うフォーラムとして、世論を喚起していく機能が期待されます[*3]。

　もっとも、公選法では、選挙期間中のホームページとブログの更新、メールマガジンの配信を禁止しています[*4]。これらは法定外の文書図画に該当し、違反になりますが、法改正の動きもあります。

[*2] 但し、個人がネット上で虚偽の情報を流された場合、削除請求ができないのは非常に不当であるとの指摘もあります。衆院憲法特委（2006年11月2日）等における、糸川正晃委員（国民）の発言参照。

[*3] フランス、スイスなどの国民投票法制においても、法的規制は置いていません。衆院憲法特委（2005年10月20日）における今井一参考人（ジャーナリスト、真っ当な国民投票のルールを作る会事務局長）の発言参照。「インターネットに関する特別の規制はありません。うその情報を流してはいけないという一般的な法律が適用されるだけです。もし事実と異なる情報を流されたら、裁判に訴えることができるが、発信者の特定が困難なインターネットの規制は難しく、法的規制は整っていません」と述べています。

[*4] この点は、見直すべきとの見解が主張されています。衆院憲法特委（2006年3月30日）における大村秀章委員（自民）の発言参照。「……本来、公選法もこうあった方がいいのかな、インターネットの利用も含めて公選法はここまで緩めたらいいんじゃないか、自由にしたらいいんじゃないかという点は、ぜひこの国民投票の運動のところで先取りをして、それを緩めてやっていくことも必要ではないか」と指摘しています。

Q38 運動費用には、上限があるの？

条　文

ポイント

　国民投票運動と憲法改正案に関する一般的意見表明で消費される資金の額に上限はありません。運動費用の規制はありません。

解　説

●**費用の上限はなし。しかし、買収は違法行為。**

　国民投票法は、国民投票運動と憲法改正案に関する一般的な意見表明の方法に対する直接的な規制を置いていません。

　例えば、憲法改正に対する考え方を記したビラを配布したり、賛否を呼びかけるポスターを作製し、街中に掲示したりすることなど、国民投票運動、一般的意見表明にはいろいろなヴァリエーションが考えられます。

　他方、資力のある人とない人で、運動の規模と世間に与える影響力が異なります。無制約にこれを許すと、憲法改正に対する国民の判断が歪められる、国民投票の公正さが害されるという懸念もあります。

　したがって、国民投票運動と一般的意見表明に関して支出できる金銭の総額（上限）を規制すべきではないかとの議論があります（費用規制といわれます）。

　国民投票法は、国民投票運動と一般的意見表明に関する費用規制を設けていません。個人であれ、政党であれ、活動費用に上限はありません。

　なぜなら、①ビラ配布、ポスター掲示など、文書・図画の規制がない以上、活動費用だけを規制することはできない、②個人や政党が、国民投票運動等でいくら支出したかを具体的に調査することはできない、③資力のある人が

行う、テレビ・ラジオのスポットCMは、民放連の基準で別途判断されるべき問題である、というのが主な理由です。

　もっとも、資力があるからといって、投票をカネで買う一定の行為は「買収」や「利害誘導」となります（→Q39）。

Q39 買収はなぜ禁止されるの？利害誘導罪とは？

条　文

国民投票法109条、110条

ポイント

選挙と同様、投票人の自由な投票意思が買収や利害誘導によって歪められることは、国民投票の自由と公正を害します。

そのため、「組織的多数人買収罪」、「利害誘導罪」、「買収目的交付罪」という罰則が類型化されています。

解　説

●組織的多数人買収罪（国民投票法109条1号）

国民投票法109条は、「国民投票に関し、次に掲げる行為をした者は、3年以下の懲役若しくは禁錮又は50万円以下の罰金に処する」とし、1号で組織的多数人買収罪、2号で利害誘導罪、3号で買収目的交付罪をそれぞれ定めています。

買収罪については、個別かつ小規模な事例まで含めると、処罰範囲を限定することができません。居酒屋、喫茶店などでの自由かつ気軽な憲法談議ですら萎縮させることになりかねないとして、もともと慎重な見解が有力です。[*1]

もっとも、買収をまったく不可罰とすることについては、投票をカネで買うことを助長することには至らないまでも、それが大規模に行われる場合、**国民投票の自由と公正**を侵す危険が大きくなります。選挙で禁止されている買収等を、なぜ国民投票の場面だけ容認するのかという疑問も投げかけられています。

そこで、国民投票法109条各号は、処罰範囲が拡大しすぎることのないよう、**行為類型を限定**しています。これは、**七重の縛り**と言われます。[*2]

ステップ11　罰則

本条は没収の対象となります（同法110条）。

公選法上、選挙人に対するものを「投票買収」、運動員に対するものを「運動買収」と呼ばれることがありますが、国民投票法においては投票人に対するものが処罰の対象となります。国民投票キャンペーンにおいては、運動員、非運動員という区別ができないからです。

組織的多数人買収罪の構成要件要素（七重の縛り）については、委員会答弁で明らかにされています[*3]。

「組織により」とは、複数の行為者の間で、指揮命令に基づき、あらかじめ定められた任務の分担に従って構成員が一体となって行動することです（組織性の要件）。

「多数の」とは、その行為がなされた具体的状況に応じて多くの者を対象にすることです（被買収者の多数性の要件）。

「その旨を明示して」という文言によって、黙示の勧誘は適用除外となります（明示の要件）。

「勧誘し」とは、外形的な勧誘行為を行うことです（勧誘行為の要件）。

「報酬として」とは、公選法における買収罪の要件として、解釈上、報酬性と対価性が要件とされていることから、条文上明記されたものです。

「影響を与えるに足りる物品その他の財産上の利益」とは、投票行動に影響を与えるに足りるだけの一定以上の価値（社会的に相当な財貨性を有するもの）があるもののみを対象とする趣旨です。国民投票運動において意見の表明の

[*1] 衆院憲法調査会（2005年2月17日）における山花郁夫委員（民主）の発言参照。「買収を積極的に勧めるつもりは全くありませんけれども、例えば飲み屋の席で憲法について議論をして、そして今回の改正はこっちの方がいいよね、みんなこれで行きましょうなんというような話になって、ではきょうは一杯、楽しい話だった、おごるからと言った人が、公職選挙法の規定に倣うとそれで買収で捕まってしまう、こんなばかな話はないと思います。もっとフリーな形での投票制度というものを検討すべきであるというふうに考えます」と述べています。
また、衆院本会議（2006年6月1日）における葉梨康弘・与党案提出者（自民）の答弁参照。「買収罪を規定するに当たっては、組織性の要件、被買収者の多数性の要件、勧誘行為の要件、報酬性の要件、財産上の利益の限定を明確に規定したところであります。このような要件に該当する行為は非常に悪質なものに限定されており、本法案においては、かかる行為に限定して罰則を付すこととしております」と述べています。

[*2] 参院本会議（2007年4月16日）における、保岡興治・併合修正案提出者（自民）の趣旨説明参照。

[*3] 衆院憲法特委（2006年12月7日）における、加藤勝信・与党案提出者（自民）の答弁、同委（2007年3月29日）における、保岡興治・併合修正案提出者（自民）の趣旨説明参照。

組織的多数人買収罪の構成要件

①組織により、
②多数の投票人に対し、
③憲法改正案に対する賛成又は反対の投票をし又はしないようその旨を明示して勧誘し、その投票をし又はしないことの報酬として、

⇩　　　　　　下記、いずれかにつき

- 金銭
- <u>憲法改正案に対する賛成又は反対の投票をし若しくはしないことに影響を与えるに足りる物品その他の財産上の利益（国民投票運動において意見の表明の手段として通常用いられないものに限る）</u>
- 公私の職務

⇩

- 供与
- 供与の申込み
- 供与の約束　のいずれかをしたとき、

（又は）　①＋②＋③に加えて、
⇩
④憲法改正案に対する賛成若しくは反対の投票をし若しくはしないことに影響を与えるに足りる［供応接待／供応接待の申込み／供応接待の約束］をしたとき
（※利益収受罪）

手段として<u>通常用いられないものに限る</u>と、物品その他の財産上の利益を限定しています。

　街頭演説や各種集会で配布されるであろうティッシュ、うちわ、ボールペンなどは通常、賛否の勧誘に影響を与えるに足りる物品と言えません。また、特定の文化人、アーティストが参加する集会などでの書籍、CD等の頒布は、意見表明の手段として通常用いられるものといえ、本条に該当しないと解されます。[*4]

●利害誘導罪（同法109条2号）

　買収が金銭や物品の供与（申込み、約束）であるのに対し、利害誘導とは投票人との一定の利害関係の下で、投票の誘導をすることです。

＊4 参院憲法特委（2007年4月25日）における、船田元・併合修正案提出者（自民）の発言参照。

利害誘導罪の構成要件

①組織により、
②多数の投票人に対し、
③憲法改正案に対する賛成又は反対の投票をし又はしないようその旨を明示して勧誘して、
④その投票をし又はしないことの報酬として、
⑤その者又はその者と関係のある社寺、学校、会社、組合、市町村等に対する用水、小作、債権、寄附その他特殊の直接の利害関係を利用して、
⑥憲法改正案に対する賛成又は反対の投票をし又はしないことに影響を与えるに足る誘導をしたとき

買収目的交付罪の構成要件

①前二号（組織的多数人買収及び利害誘導）に掲げる行為をさせる目的をもって、
②国民投票運動をする者に対し、
③金銭若しくは物品の
　交付
　交付の申込み
　交付の約束　　をした場合

国民投票運動をする者が、金銭若しくは物品の
　交付を受ける
　交付を要求する
　申込みを承諾する　　いずれかをしたとき

●買収目的交付罪（同法109条3号）

　組織的多数人買収、利害誘導を行う目的で、国民投票運動をする者に対して金銭の交付等をした場合、本罪の対象となります。[*5]

＊5　組織的多数人買収、利害誘導の予備行為と位置づけられます。

Q40 投票の自由・平穏を害する罪って何?

条　文

国民投票法111条～117条

ポイント

投票人の自由な投票意思や投票所の平穏を害する一定の行為が、罰則の対象となります。

解　説

●職権濫用による国民投票の自由妨害罪（国民投票法111条）

国民投票に関し、①国若しくは地方公共団体の公務員、②特定独立行政法人、特定地方独立行政法人の役員若しくは職員、③中央選挙管理会の委員若しくは中央選挙管理会の庶務に従事する総務省の職員、④選挙管理委員会の委員若しくは職員、⑤国民投票広報協議会事務局の職員、⑥投票管理者、開票管理者又は国民投票分会長若しくは国民投票長が、故意にその職務の執行を怠り、又は正当な理由がなくて国民投票運動をする者に追随し、その居宅に立ち入る等その職権を濫用して国民投票の自由を妨害したときは、4年以下の禁錮に処せられます（1項）。

また、上記に掲げた者が、投票人に対し、その投票しようとし、又は投票した内容の表示を求めたときは、6月以下の禁錮又は30万円以下の罰金に処せられます（2項）。

●投票の秘密侵害罪（同法112条）

①中央選挙管理会の委員若しくは中央選挙管理会の庶務に従事する総務省の職員、②選挙管理委員会の委員若しくは職員、③投票管理者、開票管理者又は国民投票分会長若しくは国民投票長、④国民投票事務に関係のある国若しくは地方公共団体の公務員、⑤立会人又は監視者[*1]が、投票人の投票した内

容を表示したときは、2年以下の禁錮又は30万円以下の罰金に処せられます。
　表示した事実が虚偽であるときも同様です。

●投票干渉罪（同法113条1項）

　投票所又は開票所において、正当な理由がなくて、投票人の投票に干渉し、又は投票の内容を認知する方法を行った者は、1年以下の禁錮又は30万円以下の罰金に処せられます。

●投票箱開披罪（同法113条2項）

　法令の規定によらないで、投票箱を開き、又は投票箱の投票を取り出した者は、3年以下の懲役若しくは禁錮又は50万円以下の罰金に処せられます。

●投票管理関係者、施設等に対する暴行罪等（同法114条）

　投票管理者[*2]、開票管理者、国民投票分会長、国民投票長、立会人若しくは監視者に暴行若しくは脅迫を加え、投票所、開票所、国民投票分会場若しくは国民投票会場を騒擾し、又は投票、投票箱その他関係書類（関係の電子的記録媒体を含む）を抑留し、損ない、若しくは奪取した者は、4年以下の懲役又は禁錮に処せられます[*3]。

●多衆による国民投票妨害罪（同法115条）

　多衆集合して国民投票法114条の罪を犯した者は、以下の区分に従って処断されます（1項）。

> 首謀者→1年以上7年以下の懲役又は禁錮
> 他人を指揮し、又は他人に率先して勢いを助けた者→6月以上5年以下の懲役又は禁錮

---

*1 立会人には、投票立会人、開票立会人のほか、身体障害者・視覚障害者の投票を補助する者、重度障害者の不在者投票に関する代理投票人を含みます。監視者とは、投票所、国民投票分会場、国民投票会場を監視する職権を有する者を指します。
*2 投票管理者には、投票所の秩序維持権が認められています（国民投票法74条）。
*3 暴行罪（刑法208条）の加重類型です。

| 付和随行した者→20万円以下の罰金又は科料 |

　国民投票法114条の罪を犯すため多衆集合し、当該公務員から解散の命令を受けることが3回以上に及んでもなお解散しないときは、首謀者は2年以下の禁錮、首謀者以外の者は20万円以下の罰金又は科料に処せられます（2項）。

●投票所、開票所、国民投票会場等における凶器携帯罪（同法116条）

　鉄砲、刀剣、こん棒その他人を殺傷するに足るべき物件を携帯して投票所、開票所、国民投票分会場、国民投票会場に入った者は、3年以下の禁錮又は50万円以下の罰金に処せられます。携帯した物件は、没収されます（同法117条）。

Q41 投票手続に関する罪って何？

条　文

国民投票法118条〜121条

ポイント

投票手続の公正を確保するため、一定の行為が罰則の対象です。

解　説

●詐偽登録罪（国民投票法118条1項〜3項）

①詐偽の方法をもって投票人名簿又は在外投票人名簿に登録をさせた者（1項）、

②投票人名簿に登録をさせる目的をもって住民基本台帳法22条の規定による届出（転入届）に関し虚偽の届出をすることによって投票人名簿に登録をさせた者（2項）、

③在外投票人名簿に登録をさせる目的をもって公選法30条の5第1項の規定による申請[*1]に関し虚偽の届出をすることによって在外投票人名簿に登録をさせた者（3項）

は、6月以下の禁錮又は30万円以下の罰金に処せられます。

●虚偽宣言罪（同法118条4項）

投票管理者が投票人に本人である旨、宣言させる場合に（同法64条1項）、虚偽の宣言をした者は、20万円以下の罰金に処せられます。

●詐偽投票罪（同法119条1項2項）

投票人でない者が投票をしたときは、1年以下の禁錮又は30万円以下の罰

---

*1 在外公館を通じ、最終住所地の市区町村選挙管理委員会に対して行います。

金に処せられます（1項）。

　氏名を詐称し、その他詐偽の方法をもって投票し、又は投票しようとした者は、2年以下の禁錮又は30万円以下の罰金に処せられます（2項）。

●投票偽造・増減罪（同法119条3項4項）

　投票を偽造し、又はその数を増減した者は、2年以下の禁錮又は30万円以下の罰金に処せられます（3項）。

　4項では、身分によって3項の刑が加重されています[*2]。以下の者については、5年以下の懲役若しくは禁錮又は50万円以下の罰金に処せられます。

- 中央選挙管理会の委員
- 中央選挙管理会の庶務に従事する総務省の職員
- 選挙管理委員会の委員若しくは職員
- 国民投票広報協議会事務局の職員
- 投票管理者
- 開票管理者
- 国民投票分会長若しくは国民投票長
- 国民投票事務に関係のある国若しくは地方公共団体の公務員、立会人又は監視者

●代理投票等における記載義務違反（同法120条）

　身体の故障又は文盲により、代理投票をなすべき者と定められた者[*3]、重度障害者の不在者投票に関する代理投票人が投票人の指示する○の記号を記載しなかったときは、2年以下の禁錮又は30万円以下の罰金に処せられます（1項、2項）。

　重度障害者の不在者投票に関する代理投票人が、投票を無効とする目的をもって、投票に関する記載をせず、又は虚偽の記載をしたときも、2年以下の禁錮又は30万円以下の罰金に処せられます（3項）。

[*2] 一定の身分によって、刑罰が加重されています。いわゆる不真正身分犯です。
[*3] 代理投票人（国民投票法59条2項）を指します。

●**立会人の義務を怠る罪（同法121条）**
　投票立会人、開票立会人が、正当な理由がなくて国民投票法に規定する義務を欠くときは、20万円以下の罰金に処せられます。

Q42 政党には公費が助成されるの?

条文

国民投票法106条、107条

ポイント

　政党、政治団体に対する直接の財政補助はありません。
　国民投票広報協議会が定めるところにより、テレビ・ラジオを使った放送広告の無料枠（政見放送に類似する広報番組）、新聞広告の無料枠が与えられます。

解説

● 放送広告の無料枠

　政党は、憲法改正案に対する賛否の態度を明確に示して、国民投票運動をすることができます。同時にそれは、政党の公的な責任ともいえます。[*1]

　但し、国民投票運動に関して直接、活動費が国庫から支給されるというような、具体的な財政支援が行われるわけではありません。

　国民投票運動の一部が**公営**で行われます。

　国民投票法106条は、「国民投票広報協議会及び政党等による放送」について定めています（**憲法改正案広報放送**）。

　憲法改正案広報放送は、①憲法改正案及びその要旨その他参考となるべき事項の広報（国民投票広報協議会が担当）、②憲法改正案に対する賛成の政党等及び反対の政党等が行う意見広告（政党が担当）、の二つの内容から構成されます（2項）。

　あくまで「政見放送類似」の政党等による放送の無料枠が与えられるのであり、スポットCMの枠が自由に与えられるわけではありません。

[*1] 憲法改正の発議までが政党の権限及び責任であり、公費で放送広告の無料枠が与えられることに否定的な見解もあります。しかし、開票立会人の選任（国民投票法76条1項）など、発議後の政党の公益的性格を無視することはできません。

①の広報は、**客観的かつ中立的に行うもの**とされ（3項）、賛成・反対の政党双方には、同一の時間数及び同等の時間帯等同等の利便が提供されなければなりません[*2]（6項）。政党等は無料枠の一部を**指名する団体**に行わせることもできます（7項）。

なお、106条及び107条にいう政党とは、公選法、政治資金規正法及び政党助成法で定める政党要件よりも広義の概念です[*3]。

●新聞広告の無料枠

国民投票法107条は、「国民投票広報協議会及び政党等による新聞広告」について定めています[*4]（**憲法改正案広報広告**）。

憲法改正案広報広告は、①憲法改正案及びその要旨その他参考となるべき事項の広報（国民投票広報協議会が担当）、②憲法改正案に対する賛成の政党等及び反対の政党等が行う意見広告（政党が担当）、の二つの内容から構成されます（2項）。憲法改正案広報放送と同様の内容です。

①の広報は、**客観的かつ中立的に行うもの**とされ（3項）、賛成・反対の政党双方には、同一の寸法及び回数を与える等同等の利便が提供されなければなりません（5項）。政党等は無料枠の一部を**指名する団体**に行わせることもできます（6項）。

憲法改正案広報放送及び憲法改正案広報広告ともに、広報協議会の担当部分、賛成意見、反対意見は**均等割**（1：1：1）とすることが想定されています[*5]。

[*2] 与党案と民主党案は当初、所属議員数を踏まえて配分することとしていましたが、それでは憲法改正発議の段階で賛成会派がすでに3分の2以上に達していることから、賛否平等とすることに修正が検討されました。衆院憲法特委（2006年12月14日）における、船田元・与党案提出者（自民）及び枝野幸男・民主党案提出者の締めくくり発言参照。

[*3] 政治資金規正法3条2項は、政治団体のうち、所属する国会議員を5人以上有するもの、あるいは1人以上の国会議員を有しかつ最も近い国政選挙で全国を通して2％以上の得票（選挙区・比例代表区いずれか）を得たものを政党と定めています。

[*4] 紙媒体の広報手段として国民投票公報があるので、新聞広告の無料枠は不要ではないかとの見解もあります。衆院憲法特委（2006年12月14日）における、枝野幸男・民主党案提出者の締めくくり発言参照。民主修正案及び参院民主案では、新聞広告の無料枠に関する規定は削除されました。

[*5] 衆院憲法特委（2007年4月12日）及び参院憲法特委（2007年4月25日）における、船田元・併合修正案提出者（自民）の答弁参照。

Q43 投票は一括方式？ 個別方式？

条　文

国民投票法56条

ポイント

　憲法改正国民投票は、個別投票方式で行われます。
　憲法改正案が複数発議された場合は、憲法改正案ごとに投票用紙が交付され、個別に投票することになります。

解　説

●憲法改正方式とは、論理的関係にない

　憲法改正の方式には、全面改正方式と部分改正方式の2種類があります（→Q6）。これとは別に、投票は一括投票で行うか、個別投票で行うかという論点があります。

　全面改正であれば一括投票方式、部分改正であれば個別投票方式がなじみやすいといえなくもありませんが、憲法改正方式と、投票方式が必ずしも論理的につながるわけではありません。

　例えば、新憲法の制定として全面改正の発議がされた場合（本書はその可能性を否定しています。→Q6）、新憲法案の全てを一括して賛否を問うこともできれば、前文と各条文を、個別に賛否を問うこともできます。

　部分改正の発議が複数行われた場合でも、理屈の上では一括投票方式で賛否を問うことはできます。

●個別投票方式の採用

　国民投票法は、個別投票方式を採用しました。国民投票が行われる際、投票用紙は、国会の発議に係る**憲法改正の議案ごとに調製**されます（→Q44）。

　憲法改正原案の発議は、内容関連事項ごとに行われます（→Q16）。原案ど

個別発議・個別投票のルール

	内容関連事項ごとの発議		投票
テーマA	A案	→	A案
テーマB	B案	→	B案
テーマC	C案	→	C案

おりか、もしくは修正された上で、発議されて憲法改正案となり、国民投票の対象となるのです。

　内容関連事項ごとの個別発議と個別投票とは、手続的に連続した対応関係にあります（個別発議・個別投票のルール）。国民投票法においては、一括発議や一括投票は認められません。複数の憲法改正案の発議が行われた後に、一枚の投票用紙で賛否を問うことはできません。

　発問の数については、**数問**（3問から5問程度が上限）が想定されるとの答弁がなされています。[*1]

[*1] 衆院憲法特委（2006年12月14日）における、船田元・与党案提出者（自民）の答弁参照。枝野幸男・民主党案提出者の答弁も同趣旨。

Q44 投票用紙の様式は？

条　文

国民投票法56条3項

ポイント

　法律上、投票用紙の様式が定められています。一つの憲法改正案に対して一枚の投票用紙が支給されます。

解　説

●憲法改正案ごとの投票用紙

　投票用紙は、国民投票法の「別記」で様式が定められました。

　二以上の憲法改正案について国民投票を行う場合においては、いずれの憲法改正案に係る投票用紙であるかを表示しなければなりません。憲法改正案ごとに投票用紙が調製されます。複数の憲法改正案を一括して投票に諮るのではない、個別投票方式に対応したものです。

　投票用紙の間違いを防止するため、例えば、A案に関するものなら A案 、B案に関するものであれば B案 と、投票用紙に分かりやすく示されることになるでしょう。

　図（次頁）が実際使用される投票用紙です。

投票用紙（ほぼ実寸）

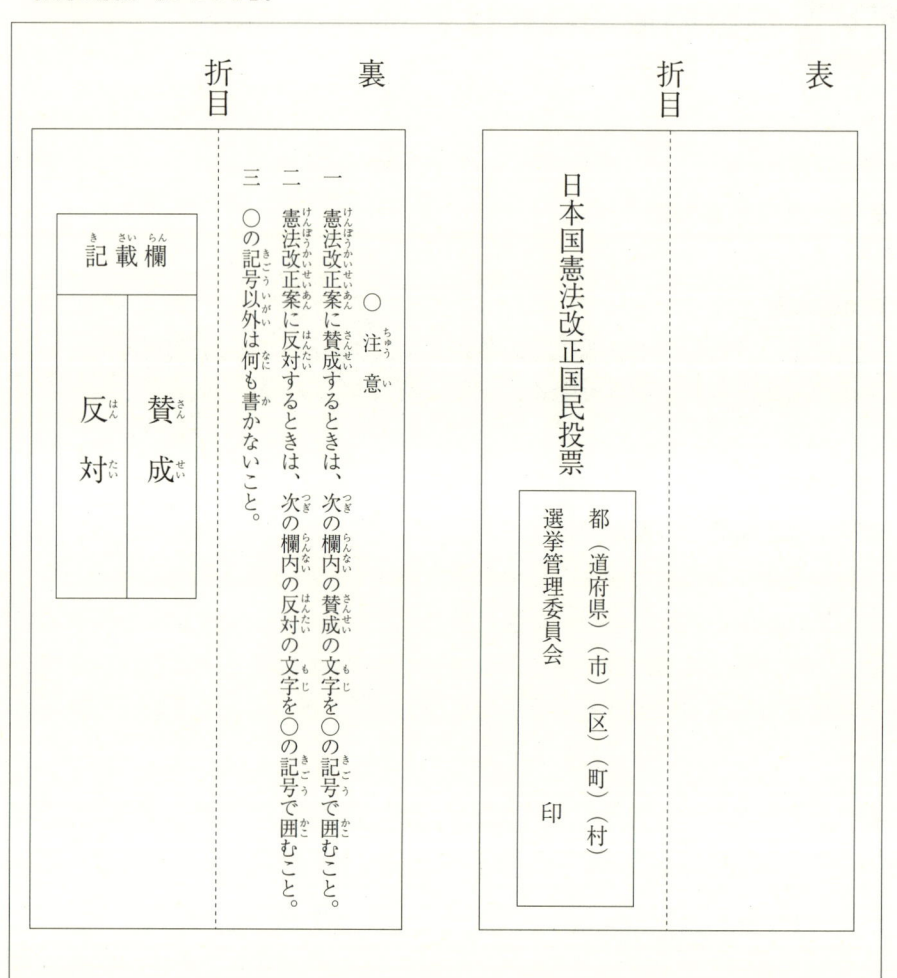

表

折目

日本国憲法改正国民投票

都（道府県）（市）（区）（町）（村）
選挙管理委員会　印

裏

折目

○注意
一　憲法改正案に賛成するときは、次の欄内の賛成の文字を○の記号で囲むこと。
二　憲法改正案に反対するときは、次の欄内の反対の文字を○の記号で囲むこと。
三　○の記号以外は何も書かないこと。

記載欄

| 賛成 | 反対 |

Q45 「過半数の承認」とは何を基準に考えるの?

条文

憲法96条1項、国民投票法98条2項、126条1項

ポイント

過半数の意義については諸説あります。国民投票法は、無効票を限りなくゼロに近づけるという制度設計を踏まえて、「投票総数」の過半数を基準としています。

解説

● 「過半数」の意義

憲法96条1項は、国民投票での承認について「その過半数の賛成を必要とする」としています。憲法上の要件ですが、賛成の意思が過半数であるかどうか、何を基準に判断するかについては、明らかではありません。これは解釈によって、法律で定められる事項です。

分数で考えると、分子は賛成票の数、分母として考えられるのは、①有権者数、②投票総数、③有効投票総数の3つです。

①②③のどれを採用するかで、憲法改正の成否に影響する（結論が変わりうる）ことは、数学的に証明できます。

$$
\text{有権者数}
\begin{cases}
\text{投票者数}
\begin{cases}
\text{有効投票数}
\begin{cases}
\text{賛成票}(a) \\
\text{反対票}(b)
\end{cases} \\
\text{無効投票数}(c)
\end{cases} \\
\text{棄権者数}(d)
\end{cases}
$$

有権者は、投票に行く人、投票に行かない人に分かれます。投票に行かない人は、棄権者数(d)に数えられます。

ステップ13 投票と開票

投票箱に入っているのは、有効票(a)(b)、無効票(c)のいずれかです。

①有権者数を基準に考えると、$\dfrac{a}{a+b+c+d}$

②投票総数を基準に考えると、$\dfrac{a}{a+b+c}$

③有効投票総数を基準に考えると、$\dfrac{a}{a+b}$

のそれぞれが、「過半数」を超えるかどうかを判断することになります。同時に、

$$\dfrac{a}{a+b} > \dfrac{a}{a+b+c} > \dfrac{a}{a+b+c+d}$$

という分数どうしの大小関係が導き出せます。

したがって、数値の順、③有効投票総数＞②投票総数＞①有権者数の順で、過半数の承認が得られやすい、つまり憲法改正が成立しやすいということになります。

傍論ですが、①有権者数を基準とした場合、投票に行かなくても、投票所に行って反対票を投じることも同じ扱いになってしまいます。

②投票総数を基準とした場合、本来、賛成意思と反対意思ともどちらとも判断すべきでない無効票を、投票総数（分母）に算入することは妥当でないとの批判があります。

過半数の判断基準はこのように、憲法の条文から導き出せるものではなく、法律レベルの制度設計で如何様にもなります。

もともと与党案は有効投票総数を、民主党案は投票総数を基準とする立場を採っていました。

●投票総数が基準

国民投票法126条は「国民投票において、憲法改正案に対する賛成の投票の数が**投票総数の2分の1**を超えた場合は、当該憲法改正について国民の承認があったものとする」と規定し、**投票総数**を基準として採用しました。

但し、この場合の投票総数とは、**憲法改正案に対する賛成の投票の数と反**

対の投票の数を合計した数と定義されています（国民投票法98条2項）。民主修正案及び参院民主案も同様の定義を採用しました。

　これはもともと、無効票を除外した「有効投票総数」と定義されるべきところです。

　しかし、投票用紙への記載方法を工夫し、無効票を可及的に発生させない制度設計をすることにより（→Q46）、投票総数≒有効投票総数となります。有効・無効という言葉を使わないという観点からも合理性が認められます[*1]。この場合、無効票はカウントされません。

　なお、「過半数の承認」の部分の英語原文は、a majority of all votes cast thereon となっています。投票総数を基準と考えることは、原文にも忠実であるといえます。

[*1] 衆院憲法特委（2006年12月14日）における、船田元・与党案提出者（自民）の締めくくり発言、及び同委（2007年3月29日）における、船田元・併合修正案提出者（自民）の答弁参照。無効票を限りなくゼロに近づけるという、強い立法者意思が示されています。

Q46 投票用紙への賛否の記載方法は？

条文

国民投票法57条〜59条、81条、82条

ポイント

投票用紙には予め、［賛成］［反対］の二つの欄が記載されています（→Q44）。

どちらか一つを「○」で囲むか、残りの欄を二重線等で消します。

解説

●賛成欄、反対欄のどちらかに「○」を記入

　憲法96条1項は、国民投票において国民の過半数の承認を得ることを要件としています。

　承認という表現である以上、「憲法改正に反対」という消極的な意思ではなく、積極的な賛成の意思が、国民投票において過半数を超えたかどうかを判断する必要があると考えられます。

　投票人の投票意思を正確に、忠実に反映させることができるような投票用紙を作製する工夫が求められます。

　例えば、賛否どちらでもない白票や無効票を［賛成／反対］のどちらかにみなすことは、投票意思を不当に歪め、あるいは新たな民意を生み出すことになります。可能な限り無効票が少ない制度設計をすることが、投票人の多様な投票意思を有効に取扱うことに資することになります。

　そこで、投票用紙の書式は、「賛成の文字及び反対の文字を印刷しなければならない」（国民投票法56条2項）とされ、投票人は「投票所において、投票用紙の記載欄［賛成］［反対］のいずれかに、○の記号を自書し、これを投票箱に入れなければならない」（国民投票法57条1項）と定められています。

　他の二つの選択肢を二重線で消したものなどは、残り一つの意思とみなさ

れ、有効な投票と扱われます（同法81条）。「反対」を二重線で消せば、憲法改正に反対でないという消極的な賛成の投票意思が示されたといえましょう。出欠はがきの返信の要領です。[*1]

積極的な賛成の場合　　㊃賛成　　反対

消極的な賛成の場合　　賛成　　~~反対~~

又は

賛成　　~~反対~~

● **点字投票と代理投票**

視覚障害者のために、点字投票も認められます（国民投票法58条）。

代理投票という制度もあります（同法59条）。投票人は、投票所において投票用紙に自書するのが原則であり、自書しない投票は原則無効ですが（→Q25）、自書が困難な身体障害者・視覚障害者は、投票管理者に申請し、投票補助者に代理投票をさせることができます。

視覚障害者には読み上げ用音声コードの記載、聴覚障害者には手話、字幕の活用が不可欠です。[*2]

[*1] 衆院憲法特委（2006年12月5日）における、葉梨康弘・与党案提出者（自民）の発言参照。
[*2] 参院憲法特委（2007年5月9日）における、船田元・併合修正案提出者（自民）の答弁参照。

ステップ13　投票と開票　｜　123

Q47 憲法改正案は投票所に掲示されるの？

条　文
国民投票法65条

ポイント
憲法改正案及び要旨が投票記載所に掲示されます。

解　説

● 投票記載所での掲示

　国民投票法65条1項本文は、「市区町村の選挙管理委員会は、国民投票の当日、投票内の投票の記載をする場所その他適当な箇所に憲法改正案及びその要旨の掲示をしなければならない」と規定しています。期日前投票（→Q48）及び不在者投票（→Q49）においても同様です（国民投票法65条2項）。

　投票記載所とは、投票所の中で、投票人が実際に投票用紙に自書する場所のことです。

　掲示されるのは、憲法改正案とその要旨です。国民投票公報のように、憲法改正案に対する賛成意見と反対意見は掲示されません。

　同条項但書は、「憲法改正案及びその要旨の掲示が著しく困難である場合においては、当該投票所における国民投票公報の備付けをもって当該掲示に代えることができる」としています。

● 憲法改正案・要旨が掲示されるまでの手続

　憲法改正案の要旨を作成するのは、国民投票広報協議会です。

　憲法改正案の要旨が作成されると、速やかに中央選挙管理会に送付されます（国民投票法65条3項）。中央選挙管理会から、都道府県の選挙管理委員会、さらに市区町村の選挙管理委員会に送付されます（同条4項）。

Q48 期日前投票は認められるの?

条文

国民投票法60条

ポイント

国民投票の期日前14日から投票期日の前日まで可能です。

解説

●投票期日14日前から可能

　投票人は、投票期日に、登録されている投票人名簿の属する投票区の投票所に行って投票することが原則ですが（→Q25。投票期日・投票所投票の原則）、あいにくの事情で、当日どうしても投票所に行くことができない投票人には、期日前投票[*1]が認められます（国民投票法60条）。

　期日前投票は、**投票期日の14日前から前日まで可能です**[*2]。性質上、繰延投票は認められません（同法61条2項、72条）。

　投票期日には満18歳をむかえ投票権を有するものの、期日前投票をする期日に満18歳をむかえていない場合は、不在者投票になります（→Q49）。

　期日前投票が可能な投票人は、
（1号）職務若しくは業務又は総務省令で定める用務に従事すること
（2号）用務（前号の総務省令で定めるものを除く）又は事故のため、その属する投票区の区域外に旅行又は滞在をすること
（3号）疾病、負傷、妊娠、老衰若しくは身体の障害のため若しくは産褥（さんじょく）にあるため歩行が困難であること又は刑事施設、労役

[*1] 期日前投票は、2003年12月1日から制度化されています（公選法48条の2参照）。
[*2] 期日前投票の期間にちょうど対応するように、スポットCMの規制が設けられています（国民投票法105条）。

場、監置場、少年院、少年鑑別所若しくは婦人補導院に収容されて
　　　いること
（4号）交通至難の島その他の地で総務省令で定める地域に居住している
　　　こと又は当該地域に滞在をすること
（5号）その属する投票区のある市町村の区域外の住所に居住しているこ
　　　と

です。各号どれかに該当することが必要です。

　期日前投票は、午前8時30分から午後8時まで可能です（国民投票法51条1項、60条3項）。

Q49 不在者投票は認められるの?

条文
国民投票法61条

ポイント
　選挙と同様、不在者投票が制度化されました。不在者投票には、様々なパターンがあります。

解説
●**不在者投票とは**
　Q48で確認したように、「投票期日・投票所投票の原則」の例外として、期日前投票が認められています。
　しかし、期日前投票の各号事由に該当する人のすべてが、必ずしも期日前投票に行けるとは限りません。期日前投票の期間が限られていますし、投票資格はありながらも住所地以外の場所にいるなどの理由で、投票所に行くことが困難な人もいます。
　したがって、国民投票法は、期日前投票ですら困難な人のために、通常の選挙と同様、不在者投票の制度を設けています（国民投票法61条）。

●**一般的な不在者投票**
　不在者投票は、**不在者投票管理者の管理する場所**において、投票用紙に投票の記載をし、これを**封筒に入れて不在者投票管理者に提出する方法**がとられます（国民投票法61条1項）。
　不在者投票の一般型として、以下が想定されます（公選法49条1項参照）。詳細は政令（国民投票法施行令）で定められます。
　①期日前投票の期日に満18歳とならない者が、住所地で投票する場合
　②住所地以外（所在地）で投票する場合

投票人は予め投票人名簿登録地の市区町村選挙管理委員会に投票用紙を請求し、投票用紙を受領した後、所在地の市区町村選挙管理委員会で投票します。
③都道府県選挙管理委員会が指定する病院、老人ホームなど（指定施設）で投票する場合
指定施設に入院、入所している場合、その施設の長が不在者投票管理者となります。
④船員が、指定港のある市町村で投票する場合
総務省が指定する港湾所在地の市町村で、不在者投票が可能です。

● **特別な不在者投票**
国民投票法62条2項以下は、不在者投票の**特殊型**を規定しています。期日前投票でも、一般型の不在者投票でもカバーすることができない投票人が対象です。

⑤重度障害者
重度障害者[*1]は、自宅など現存する場所において、郵便等によって、市町村選挙管理委員会に送付する方法が可能です（⇒郵便等投票、同61条2項）。自書できない場合には、代書可能です（同61条3項、82条3号の例外）。

⑥特定国外派遣組織
特定国外派遣組織[*2]に属する投票人は、国外にある不在者投票管理者の管理する投票を記載をする場所において、投票用紙に投票の記載をし、これを封

---

*1 身体障害者福祉法4条に規定する身体障害者、戦傷病者特別援護法2条1項に規定する戦傷病者、介護保険法7条3項に規定する要介護者で、政令で定める者を指します（国民投票法61条2項）。2003年の公選法改正では、要介護5である者も、新たに郵便投票の対象に加えられました。
*2 特定国外派遣組織とは、法律の規定に基づき国外派遣される組織のうち、①当該組織の長が当該組織の運営について管理又は調整を行うための法令に基づく権限を有すること、②当該組織が国外の特定の施設又は区域に滞在していること、のいずれにも該当する組織であって、当該組織において不在者投票が適正に実施されると認められるものとして政令で定めるもの、と定義されます（国民投票法61条5項）。イラク特措法、PKO協力法に基づき派遣されている自衛隊員などが、これに該当します。

筒に入れて不在者投票管理者に提出する方法がとられます（同法61条4項）。

⑦洋上投票
　遠洋区域を航海する船員[*3]は、不在者投票管理者の管理する場所において、総務省令で定める投票送信用紙に投票の記載をし、これを総務省令で指定する市区町村の選挙管理委員会の委員長にファクシミリ装置を用いて送信する方法がとられます（同法61条7項）。

⑧南極地域観測隊員
　南極地域観測隊員等は、総務省令で定める投票送信用紙に投票の記載をし、これを総務省令で指定する市町村の選挙管理委員会の委員長にファクシミリ装置を用いて送信する方法がとられます（同法61条8項）。

[*3] 船舶安全法にいう遠洋区域を航行区域とする船舶その他これに準ずるものとして総務省令で定める船舶に乗って本邦以外の区域を航海する船員を指します（国民投票法61条7項）。

Q50 開票、集計手続はどのように行われるの?

条　文

国民投票法67条～99条

ポイント

　国民投票の結果を確定させるまでの手続は、国政選挙（参院選挙全国区）の場合と同様です。
　市区町村⇒都道府県⇒国という集計プロセスを経て、投票結果が確定していきます。

解　説

●開票作業の開始

　投票所は、午前7時に開き、午後8時に閉じます（国民投票法51条1項本文）。
　午後8時になったら、各投票所の投票管理者は投票箱を閉鎖し、投票録を作成します（同法67条、68条）。そして、投票箱、投票録、投票人名簿（抄本）、在外投票人名簿（抄本）を開票管理者に送致します（同法69条）。
　開票所（同法77条）において、開票管理者は開票立会人[*1]の立会いの上、投票箱を開き、仮投票（同法63条3項）を受理するかどうかを決定します（同法80条1項）。
　次に開票管理者は、各投票所及び期日前投票所の投票を開票区ごとに混同して、投票を点検します（同法80条2項）。点検とは、賛成票、反対票、無効票の数を確定させることです。いわゆる疑問票は、有効か無効か開票管理者が効力を決定します（同法81条）。投票の点検が終了したら（この時点で、各市区町村の投票結果が確定します）、開票管理者は直ちにその結果を国民投票分会長に報告しなければなりません（同法80条3項）。

＊1 市区町村選挙管理委員会が選任します（国民投票法75条2項）。

開票管理者は開票録を作るとともに（同法84条）、投票用紙、投票録、開票録を保存しなければなりません[*2]（同法85条）。

●集計①　国民投票分会

国民投票分会長[*3]は、都道府県ごとに置かれます（国民投票法89条）。都道府県の区域内におけるすべての開票管理者から報告を受けた日（または、その翌日）に国民投票分会を開き、その報告を調査します（投票の点検は終わっているので調査という表現になります。この時点で、都道府県ごとの投票結果が確定します）。調査が終わると、国民投票分会長は直ちにその結果を国民投票長に報告しなければなりません（同法93条）。

国民投票分会長は国民投票分会録を作るとともに（同法92条1項）、これを保存しなければなりません[*4]（同法2項）。

●集計②　国民投票会

国民投票長[*5]は、全国で一名選任され、国民投票分会長から結果の報告を受けた日（または、その翌日）に国民投票会を開き、報告を調査します（この時点で、全国の投票結果が確定します）。調査が終わると、国民投票会長は、直ちにその結果を中央選挙管理会に報告しなければなりません（国民投票法98条1項）。

国民投票会長は国民投票会録を作るとともに（同法97条1項）、これを保存しなければなりません[*6]（同法2項）。

●結果の告示

中央選挙管理会は、国民投票長からの報告[*7]を受けたときは、直ちに①投票総数、②賛成票数、③反対票数、④賛成票が投票総数の過半数を超えたか超

＊2 国民投票無効訴訟（国民投票法127条）が裁判所に係属しなくなった日、または国民投票期日から5年を経過した日のいずれか遅い日までです。
＊3 都道府県選挙管理委員会が選任します（同法89条2項）。
＊4 保存期間は＊2と同じです。
＊5 中央選挙管理会が選任します（同法94条2項）。
＊6 保存期間は＊2と同じです。
＊7 更正決定の場合を含みます（同法135条6項後段）。

開票・集計手続の流れ

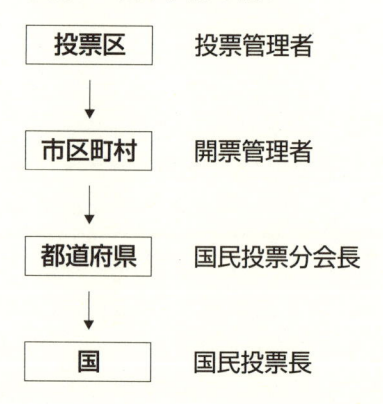

投票区	投票管理者
↓	
市区町村	開票管理者
↓	
都道府県	国民投票分会長
↓	
国	国民投票長

えないか、を官報で告示します。

また、投票結果は、総務大臣を通じ、内閣総理大臣に通知されます（国民投票法98条2項）。内閣総理大臣は、直ちに衆参両院の議長に通知しなければなりません（同条3項）。

最後に、天皇が国民の名で憲法改正を公布することで、手続は完了です（→Q2）。

Q51 投票率が低くても、国民投票は成立するの？

条文

ポイント

国民投票法は、最低投票率を設定していません。低投票率の場合、法的効果の問題としてではなく、発議をした国会議員の政治責任と考える立場が有力です。

解説

●最低投票率とは

最低投票率とは、すべての投票権者のうち、投票に行った人が最低ライン（割合）を下回った場合、国民投票を不成立とする制度です。

国民投票法は、最低投票率を設けていません。その理由、根拠は、下記のとおりです。[*1] そもそも最低投票率をルールとして設けてはいけない理由と、法律で定めてはいけない理由を分けて考える必要があります。

1. 最低投票率をルールとして設けてはいけない理由

[1] 最低投票率を設けると、棄権運動（ボイコット・キャンペーン）が起こる。本当に棄権した場合はともかく、憲法改正に関しては、国民「投票」に「おいて」承認が求められるかどうかが問題なので、賛否の意思は具体的な投票行為で示すべきである。

[2] 最低投票率を実際設けた自治体の首長は、後日後悔している。各地

---

*1 衆院憲法特委・大阪地方公聴会（2007年3月28日）における、今井一意見陳述者（ジャーナリスト、[国民投票／住民投票] 情報室事務局長）の発言、衆院憲法特委（2007年4月12日）における、葉梨康弘・併合修正案提出者（自民）並びに、枝野幸男・民主修正案提出者の答弁、衆院憲法特委・第2回中央公聴会（2007年4月5日）における拙論、参院憲法特委（2007年4月23日）における、福井康佐参考人（成蹊大学法学部非常勤講師）の発言、及び参院憲法特委・横浜地方公聴会（2007年5月10日）における、山花郁夫公述人（前衆議院議員、JPU総合研究所特別研究員）の発言参照。

ステップ14　国民投票の結果　133

の住民投票において、好意的に受け入れられ、評価されているわけではない。

[3] 最低投票率を40％とした場合、39％の投票人の意思がすべて無駄になってしまう。

[4] 最低投票率を設定すると、「民意のパラドックス」が起こる。(→投票率39％で賛成99％の場合と投票率40％で賛成51％とを比較せよ)

[5] 最低投票率ギリギリで成立(不成立)した場合、その結果は賛否どちらかに極端に偏在する。また、棄権者は、真の意味での「棄権者」と、反対意思にもとづく「棄権者」が混在することになる。民意とかけ離れた投票結果を生むだけである。

[6] 憲法改正案の内容によっては、高い投票率が望めない場合がある。改正をせず、憲法条文の空洞化を招くほうがより深刻である。

2. 最低投票率を法律で定めてはいけない理由

[1] 憲法に明文規定のない加重要件を課すこと(ハードルを高くする)になり、憲法上疑義がある。

[2] 具体的な授権規定がないにもかかわらず、最高規範である憲法の成立要件を下位の法規範で決することは、規範構造上、背理である。

[3] 法律で定めることとすれば、多数決原理によって如何様にも恣意的に改正されてしまう。日本国憲法は硬性憲法であるので、その憲法典の一部として定めた方が硬性憲法という趣旨により合致する。

[4] もともと政府、公務員は憲法を尊重し、擁護する義務を負っている。最低投票率のルールの本質は、これを下回った場合、現行憲法の尊重義務を引続き課すという規範的効果を発生させることにある。したがって、本来的に憲法で定められるべき事項である。

[5] 比較法制的にみて、諸外国では最低投票率ないし絶対得票率は憲法典で定められている。

最低投票率が必要であるとの見解も、「憲法理念や憲法原理に沿う」ことなどを根拠として主張しますが、憲法の理念とは何かということ、その理念からどうやって演繹的に最低投票率制度を設けるべきという結論を導くこと

ができるのか、その判断思考過程について何ら説得的な見解が示されていません。憲法レベルと法律レベルとを混同した（あるいは二つのレベルの差異に着目することを意図的に避けた）、結論迎合の議論にすぎません。*2

　もっとも、最低投票率がないと、低投票率下での投票結果を容認せざるをえなくなります。最近の国政選挙でも、約4割の有権者が棄権しています。
　憲法改正国民投票に関し、たとえ20％～30％の投票率で「過半数の賛成」が得られたとしても、日本の憲政システムそのものが不安定になるとの指摘があります。この場合でも法的な問題として評価するのではなく、**発議した国会の政治責任の問題**と捉えるべきとの見解があります。*3
　「大事なことは、国民投票で決める」——これが直接民主制的契機を導入する社会の健全な姿でもあります。国民一人ひとりが、憲法改正についての究極的な決定権限を持っているという自覚を促し、投票率の向上を目指すことが肝要です。*4
　もし最低投票率を設けるのであれば、それは憲法改正の成立要件（行使された憲法改正権の効力）に関わる事項ですので、国民投票法ではなく、**憲法典で明文化すべき**（憲法96条の改正を要する）問題であると考えます。

● 導入したときの問題
　最低投票率を設け、実際にこれを下回った場合に、開票作業を行って、結果を公表するかどうかという問題もあります。
　国内の常設型住民投票制度を置いている自治体の多くは、最低投票率を

---

*2 ある論者は、憲法上規定のない最低投票率制度を設けることも許容されると主張する一方、憲法改正原案に係る両院協議会の規定は憲法上規定がなく妥当でないと批判します。その意見の前提部分に矛盾があることは明白です。
*3 衆院憲法特委（2006年12月7日）における、枝野幸男・民主党案提出者の答弁参照。
*4 衆院本会議（2006年6月1日）における、船田元・与党案提出者（自民）の答弁参照。「最低投票率制度につきましては、投票ボイコット運動の誘発等の弊害や、憲法96条が規定する以上の加重要件を課すことについての憲法上の疑義等にかんがみて、これを設けないこととしたものでございます。低い投票率に対する懸念は、むしろ、投票率を上げるための国民に対する周知広報や国民投票運動のあり方でもって対処すべきものであると考えております」と述べています。私も同趣旨であり、投票所（期日前投票所）には、全有権者分の投票用紙が用意されていることを忘れてはならないと思います。

50％とし、これを下回って住民投票が不成立になる場合には開票しないとしています。

　あえて開票するとしているのは、香川県三野町、千葉県我孫子市の2つの自治体にとどまっています（2007年6月現在）。開票すると、次回、同一内容で投票が行われる場合に、投票結果への従属や反動が起こるなど、個人の投票意思にいろいろな作用が加わることが懸念されますが、投票日時点での投票者の意思がどのようなものかを把握し、政策決定に活かしていくことができるでしょう。

Q52 賛成が過半数に達しなかったらどうなるの?

条　文

憲法96条2項、国民投票法98条

ポイント

憲法96条2項は、憲法改正案が承認された場合を規定しています。憲法改正案が国民投票で承認されなかった場合の、法的効果と政治的効果を整理しておく必要があります。

解　説

●条文は改正前と変わらない

憲法改正案が国民投票で否決された場合（賛成票が投票総数の過半数を超えず、承認されない場合）、改正前の条文・文言のまま、形式的意味の憲法は何ら変わりません。これ以上の憲法的効果はありません。

●「国民投票マニフェスト」の可能性

憲法96条2項は、形式的意味の憲法が国民の承認によって改正される場合のことしか規定していませんが、次頁表のように、国民投票における「承認」と「不承認」が実質的意味の憲法（→Q1）に与える効果についても、考えておく必要があります。

なぜなら、国のかたちはすべて憲法典に盛り込まれているわけではありませんし、内容を具体化する法律などの規範（=実質憲法）がどうなるか、国民投票において重要な判断材料となりうるからです。

憲法改正の発議に合わせて、**国民投票マニフェスト**を作成してはどうかという提案があります。[*1] 憲法条文・理念と現実との間に乖離がある中、憲法改

[*1] 衆院憲法特委（2005年10月20日）における、今井一参考人（ジャーナリスト、真っ当な国民投票のルールを作る会事務局長）の発言参照。

ステップ14　国民投票の結果　｜　137

形式的・実質的意味の憲法と
国民投票の承認・不承認

	形式的意味の憲法	実質的意味の憲法
承認	改正される	？
不承認	改正されない	？

正が行われればその乖離は解消されますが、憲法改正案が否決された場合でも、乖離をそのまま放置するのではなく、有効な政治的約束を通じて、乖離をゼロにすべきではないか、**解釈改憲の限界付けを行うべきではないか**という主張です。[*2]

　もともと、憲法理念と現実との間の乖離を埋め合わせるために（もしくは、これまでの乖離をいったん是としつつも、さらなる歯止めとして）国会は国民に対して憲法改正案を提案するわけですから、国民投票で否決された場合でも、実質憲法を構成する法規範を発議権者である国会がどう考えるのか、前もって国民に明確に示しておくべきではないか、という問題意識が発端にあります。憲法の内容面を重視する立場です。

　但し、これに対しては、現行憲法の拡大解釈を是認することを前提に憲法改正案を発議することも可能であり、必ずしも乖離が埋め合わされるとは限らないとの批判も成り立ちえます。

　国民投票公報の内容如何に関わる問題でもありますが、それ以前に、衆参両院の憲法審査会で憲法改正原案が審査される段階で、憲法政治の現状のどこが問題か、国の将来像をどうするべきかというような大局的な議論を通じて、国民と問題意識が共有できるのではないかとも言えそうです。

　私は、憲法の実質を形成する法律、政策のレベルまで、憲法改正案とその解釈とともに、国民に十分示される必要があると考えます。

　例えば、ある憲法改正案が、「～は、法律でこれを定める」と規定されて

[*2] 厳密には、①解釈の変遷（憲法13条でプライバシー権が保障される）、②憲法の変遷（憲法9条と自衛隊の意義）、③それ以外（常設型一院制の導入など）、の3つに区分され、「約束」の内容が変わりうることになります。

いる場合を想定しますと、法律の中身が不明であるにもかかわらず、国民はその憲法改正案の実質的内容が法律に委ねられることに対してしか、賛否の意思を示せません。これは不合理ではないでしょうか。

また、国民投票公報における各党の賛成意見が、全く異なる場合も考えられますが、国民の判断が混乱し、かえって憲法改正案の否決に傾くのではないでしょうか。[*3]

● **国民投票で一度否決された案を再度、発議できるか**
国民投票で一度否決された憲法改正案を再度、国会が発議できるかという論点があります。**同一案の再発議の可否**と呼ばれる論点です。

法は明文規定を置いていませんが[*4]、国民投票の結果が確定した後、衆参両院の会議体構成が変化するまでの間、つまり衆院議員の総選挙、参院議員の通常選挙のどちらかが行われるまでは、再発議はできないと解するべきです。

---

*3 参院憲法特委・さいたま地方公聴会（2007年5月10日）における、拙論参照。
*4 参院民主案は、国会法改正案68条の3第2項に、明文規定を置いていました。

Q53 国民投票が無効だと、裁判で訴えることもできるの?

条文

国民投票法127条～132条

ポイント

一定の要件を充たせば、国民投票無効訴訟の提起が可能です。但し、訴訟の効力が確定するまでは、憲法改正は有効なものとして扱われます。

解説

● 司法上の救済措置

国民投票に関し異議がある投票人は、中央選挙管理会を被告として、投票結果の告示日から30日以内に、東京高等裁判所に訴訟を提起することができます（国民投票法127条）。**国民投票無効訴訟**と呼ばれます[*1]。

出訴期間は結果の告示の日から30日間とされました。投票権者の異議申立権の保障と国民投票結果の早期確定の要請とは基本的に両立できない関係にありますが、両者の調和の見地から、合理的に設けられた期間といえます[*2]。

裁判所は、①無効事由があり、②国民投票の結果に異動を及ぼすおそれがあるときは、国民投票の全部又は一部の無効判決を下します（同法128条）。その上で、再投票、更正決定という手続に入ります（→Q56）。

この場合、無効事由があるだけでは無効判決をすることはできません。あくまで、国民投票の結果に異動を及ぼすおそれがある場合でなければなりません。

---

* 1 従来の制度設計は、「国民投票無効の訴訟」と「国民投票の結果の無効の訴訟」に、訴訟類型を区別していました。
* 2 選挙の効力に関する訴訟（公選法204条）、当選の効力に関する訴訟（同法208条）、審査無効の訴訟（最高裁判所裁判官国民審査法36条）、罷免無効の訴訟（同法38条）も、出訴期間は30日間とされています。

● **無効事由はどう定められているか**

国民投票の無効事由は法定されています[*3]（国民投票法128条1項各号）。

> ○**投票管理執行上の手続違反**（1号事由）
> 　国民投票の管理執行に当たる機関が国民投票の管理執行につき遵守すべき手続に関する規定に違反したこと。
> ○**投票の自由妨害**（2号事由）
> 　101条（投票事務関係者の国民投票運動の禁止）、102条（特定公務員の国民投票運動の禁止）、109条（組織的多数人買収及び利害誘導罪）、111条（職権濫用による国民投票の自由妨害罪）、112条（投票の秘密侵害罪）及び113条（投票干渉罪）の各規定について、多数の投票人が一般にその自由な判断による投票を妨げられたといえる重大な違反があったこと。
> ○**集計の誤り**（3号事由）
> 　憲法改正案に対する賛成の投票の数又は反対の投票の数の確定に関する判断に誤りがあったこと。

　1号事由の国民投票の管理執行に当たる機関とは、中央選挙管理会等を指しますが、**国民投票広報協議会は含まれません**（同条2項）。
　改正限界を超えた発議や、発議手続上の瑕疵は政治的問題のカテゴリーであり、司法審査にはなじまないので、無効事由とされていません。

[*3] 衆院憲法特小委（2006年11月30日）における、船田元・与党案提出者（自民）の答弁参照。「選挙訴訟等とは異なりまして、判例の蓄積による基準の確立が期待できない分野でもありますので、司法が政治的、恣意的に判断するということを防止するという観点からも、無効事由というものをあらかじめ明確に規定しておくことが望ましい、こう考えたわけでありす」と、予め法定した理由を述べています。

Q54 訴えの提起はなぜ東京高裁に限られるの?

条文

国民投票法127条

ポイント

国民投票無効訴訟の「併合の便宜」のため、東京高裁に限定されます。

解説

● 併合の便宜とは

　Q53で確認したように、国民投票無効訴訟は東京高等裁判所に提起しなければなりません。その他の裁判所に訴訟提起をすることはできません。

　これには理由があります。

　もし、国民投票の結果、無効訴訟が全国各地でいくつも提起されたとしましょう。司法判断の対象は、国民投票の結果が有効か無効かという点なのですから、ある裁判所で有効と判断し、別の裁判所で無効と判断された場合には、判決の効力が矛盾します。憲法改正の効力をめぐって大変な政治的混乱を招きます。

　第一審の管轄を東京高裁に限っておけば、共通の争点について審理の重複を避け、当事者も裁判所も労力を節約できる上、紛争の統一的解決が期待できます。

　複数の開票区の無効事由が併せて、国民投票の結果に異同が生じるという場合もあり、それらの訴訟が併合されなかったために敗訴することを防ぐ必要もあります。[*1]

---

*1　衆院憲法特小委（2006年11月30日）における、保岡興治・与党案提出者（自民）の答弁参照。

Q55 「効果発生停止手続」とはどんな制度なの?

条文

国民投票法133条

ポイント

国民投票で成立した憲法改正の効力が停止されます。行政事件訴訟法上の執行停止に似た制度です。

解説

● 効果発生停止手続の意義

国民投票無効訴訟が提起されても、無効判決が確定するまでは国民投票の結果は有効なものとして扱われます（国民投票法130条）。これは、濫訴の弊害を排除するためです。

しかし、有効なものとしていったん施行された憲法改正が、**事後になって無効で覆され**、元に戻るということは、憲法秩序を極めて不安定な状態に陥れます。

したがって、**重大な手続瑕疵**があるなどの無効事由が存在し、**国民投票の結果に異動を及ぼすことが明白**である場合には、裁判所の権能として緊急避難的な**効果発生停止手続**を認めることとしました[*1]。

効果発生停止手続は、国民投票の結果を覆すものでも、効力を否定するものでもありません。公布の効力、施行日には影響しません[*2]。

もっとも、国民投票で憲法改正案が否決された場合には、現行の規定が存

[*1] 効果発生停止手続の導入には消極的な見解もあります。衆院憲法特委（2005年10月20日）における、柴山昌彦委員（自民）の発言参照。「何よりも、多数の国会議員、国民が示した民意をやはり私は尊重するべきではないかという観点から、執行停止の導入ということにも反対であります。現に、アメリカでは、憲法改正に係る行為はポリティカルイシューとして司法判断を回避するべきである事例の一つとされていることが参考になると思われます」と述べています。

[*2] 衆院憲法特委（2006年12月7日）における、保岡興治・与党案提出者（自民）の答弁参照。

続することになり、効果発生停止手続を認める意義はありません。

● 効果発生停止手続の流れ

　国民投票法133条1項は、「憲法改正が無効とされることにより生ずる重大な支障を避けるため緊急の必要があるときは、裁判所は、申立てにより、決定をもって、憲法改正の効果の発生の全部又は一部の停止をするものとする。ただし、本案について理由がないとみえるときは、この限りでない」と規定しています。

　効果発生停止手続は、当事者の**申立て**が必要です。裁判所の職権でこれを行うことはできません。

　但書の「本案について理由がないとみえるとき」とは、原告の主張に明らかに理由がないといえるような場合を排除する趣旨です。

　決定により、憲法改正の効果の発生は、本案に係る判決が確定するまでの間、停止します（国民投票法133条2項）。

　申立てがあってから、裁判所がいつまでに判断するかという期限については、明文規定を置いていません。もっとも、司法判断がないまま憲法改正が施行されてしまった場合には、本条における司法機関の役割が全うされないことになってしまいます。実際には迅速な事件処理が行われることと思われます。

---

*3 行政事件訴訟法25条3項は、「重大な損害」の判断にあたり、裁判所は損害の回復の困難の程度を考慮し、損害の性質・程度・処分の内容・性質をも勘案することとしています。

Q56 無効判決が出た場合、結果はどうなるの？

条　文
国民投票法135条

> **ポイント**
>
> 　国民投票の結果を改めて確定させるため、再投票または更正決定という手続が行われます。

解　説

● **再投票**

　国民投票の結果に影響が出る場合に、全部無効または一部無効の判決が出されます。無効判決が出た場合、先に行われた国民投票をどう取り扱うかが問題となります。

　原則、同一の憲法改正案に対して**再投票**が行われます[*1]（国民投票法135条1項）。

　一部無効の場合は、当該開票区に限って行われます。区域等に応じて政令で特別の定めをすることができます（同145条）。

　再投票は、通常の憲法改正国民投票の手続と同一です。再投票の期日（周知・広報期間）は、60日から180日までの間で国会が議決します。

　再投票が行われた場合、当該開票区においては、その投票の効力を決定すべきものとされます（同86条）。その上で、全体の投票結果を確定させます。

＊1　再投票に係る周知・広報については、あらかじめ一義的に法律で決めることではなく、従前の国民投票広報協議会が細目を決定し（国会法102条の11）、国民投票公報の発行の有無は両院議長の協議で決する（国民投票法17条）こととされます。衆院憲法特委（2007年3月29日）における、保岡興治・併合修正案提出者（自民）の答弁参照。

無効判決のスキーム

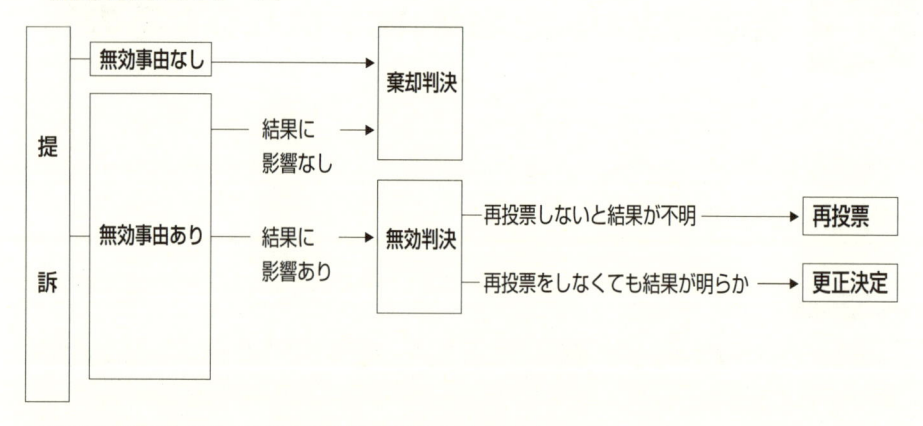

```
提訴 ──┬── 無効事由なし ──────────────────→ 棄却判決
       │
       └── 無効事由あり ──┬── 結果に影響なし ──→ 棄却判決
                          │
                          └── 結果に影響あり ──→ 無効判決 ──┬── 再投票しないと結果が不明 ──→ 再投票
                                                            │
                                                            └── 再投票をしなくても結果が明らか ──→ 更正決定
```

※憲法調査推進議員連盟「日本国憲法改正国民投票法案要綱」(2001年11月) より、一部修正の上、引用。

● **更正決定**

　国民投票無効訴訟において、結果を無効とする判決が確定した場合、再投票を実施しなくても結果が明らかな場合があります。この場合には、再投票を行わずに、国民投票会の**更正決定**によって投票結果を確定させます（国民投票法135条6項）。

Q57 憲法改正以外の「一般的国民投票」は実施されるの？

条文

国民投票法附則12条

ポイント

　国政問題について諮問的に実施される「一般的国民投票」は、将来の検討課題とされました。一般的国民投票の一類型である憲法改正問題国民投票は、施行後速やかにその必要性の有無について検討されます。

解説

● 一般的国民投票とは

　一般的国民投票は、憲法改正以外の一般的な国政上の重要なテーマ（案件）[*1]について、**任意**（発議するかは国会・内閣の自由）かつ**諮問的に**（投票結果は国家機関を法的に拘束しない）行われる国民投票と定義されます。

　民主党案が論点提起したことを契機とし、憲法改正国民投票と同時に整備されるべきかどうか、議論が重ねられてきました。

　しかし、①一般的国民投票制度の導入は代表民主制（憲法前文、43条）の原理に抵触するので、それ自体、憲法改正を要するテーマではないか、②諮問的に国民投票を行い、結果に法的に拘束されないとしても、事実上の拘束力が残るのではないか、③一般的国民投票に関する法律案（その発議手続を定める国会法も含む）を衆院憲法特委で審査する権限があるのか、との指摘、批判がありました。

　結局、憲法改正国民投票と同時に整備されることは見送られ、国民投票法の本則には盛り込まれませんでした。

　民主党案で検討された一般的国民投票は、**国政における重要な問題**に関し

[*1] 諮問型国民投票、参考型国民投票とも呼ばれます。民主党案では「国政問題国民投票」と称され、発問は任意で、法的拘束力のない諮問型として制度設計がなされていました。

て賛否を問う設問が付されます。憲法改正のように、国民の承認を得るためのものではありません。

　一般的国民投票を行うかどうかは、発議機関が**任意**に決定します。公権力を法的に拘束しない**諮問的**な性格のものとして実施されます[*2]。国会の立法権を法的に拘束するとなると、代表民主制という憲法原理に真っ向から衝突することになります。

　衆院憲法特小委では、**予備的国民投票**の実施が提案されました[*3]。一般的国民投票の是非と切り離して議論され、新たに検討の対象とされたのです。

　併合修正案の提出後は、予備的国民投票という呼称は使用されていません。新たに、「憲法改正問題についての国民投票制度に関する検討」（附則12条）という規定が置かれました（**憲法改正問題国民投票**）。「国は、この法律の施行後速やかに、**日本国憲法の改正を要する問題及び日本国憲法の改正の対象となりうる問題**についての国民投票制度に関し、その意義及び必要性の有無について、日本国憲法の採用する間接民主制との整合性の確保その他の観点から検討を加え、必要な措置を講ずる」と定めています[*4]。

　憲法改正問題国民投票については、憲法改正案に対する**有権的な世論調査**を行うことを念頭に、衆参両院の憲法審査会が所管となって、今後詳細が検討されます（→Q13）。

　なお、**憲法改正を行わない**という消極的な意味の発議は現行憲法下では困難とされていますが、憲法改正問題国民投票におけるアンケート項目の一つとしては検討に値すると思います[*5]。

●想定される案件

　憲法改正問題国民投票とは別に、国政における重要な問題を対象にした一般的国民投票が、将来実現するかもしれません。

[*2] 国会の立法権を法的に拘束する場合など、憲法違反になると考えられます。
[*3] 当初は、「国民予備投票」という名称で提案されました。衆院憲法特委（2006年11月16日）における、小林節参考人（慶應義塾大学法学部教授、弁護士）の発言参照。
[*4] 憲法改正問題国民投票は、「比喩的にいえば、憲法96条の周辺に位置するもの」といえます。衆院憲法特委（2007年3月29日）における、保岡興治・併合修正案提出者（自民）の答弁参照。
[*5] 衆院憲法特委・第2回中央公聴会（2007年4月5日）における、拙論参照。

実質的意味の憲法（→Q1）や、国政上重要とされる問題のすべてを対象にするところまではいかないでしょうが、憲法が定める代表民主制原理との関係上、一般的国民投票を実施する必要性と許容性を厳格に解する必要があると思います。

　対象となるべき案件の決定基準・方法について、以下の要件を提案します。

【案件発議の6要件】
ルール①　国政問題に係る案件であること
ルール②　重要な案件であること
ルール③　国民投票を行う現実的必要性があること
ルール④　国民に賛否を問うことができる案件であること
ルール⑤　国民投票に諮らなければ、賛否（結果）の予想ができないテーマであること
ルール⑥　国民に適切な設問と選択肢が与えられること

　民主修正案は、国政問題国民投票の対象となる案件を**例示列挙**しました（対象の絞り込み）。
　国政における重要な問題のうち、

(i)　憲法改正の対象となり得る問題
(ii)　統治機構に関する問題
(iii)　生命倫理に関する問題
(iv)　その他の国民投票の対象とするにふさわしい問題として別に法律で定める問題

の4つです。ポジティブリストです。

＊6 衆院憲法特委（2007年4月12日）における、枝野幸男・民主修正案提出者の答弁参照。

例えば、(iii)生命倫理に関する問題については、脳死を人の死と定義する法律案の賛否を問うのではなく、その前提となる問題（脳死は人の死か）が参考的に問われることになり、国会単独立法の原則（憲法41条）、代表民主制の原則（前文、43条）は侵害されないというのが提案者の意思です。*6

民主修正案は一般的国民投票にこのような限定を加えましたが、憲法改正問題国民投票はあくまで憲法96条の周辺（外延）の問題と捉える併合修正案提出者との見解の溝は埋まりませんでした。(i)は合意できても、(ii)〜(iv)は憲法96条の周辺（外延）の問題とはいえないからです。

また、民主党案では、一般的国民投票の員数要件は憲法改正原案の発議と同じ、議決要件は「出席議員の過半数」とされていました。その他、一般的国民投票を実施した場合における**事実上の拘束力**の意義など*7、検討を重ねるべき論点は多々残っています。

＊7 衆院憲法特委・第1回中央公聴会（2007年3月22日）及び参院憲法特委・横浜地方公聴会（2007年5月10日）における、山花郁夫公述人（前衆議院議員、JPU総合研究所特別研究員）の発言参照。

Q58 成人年齢はすべて18歳に引き下げられるの?

条　文

国民投票法附則3条

ポイント

　民法4条を中心的規定とする成人年齢法制は、所管官庁が不統一です。
　国民投票法の施行後、経過期間中（3年間）に成人年齢法制の見直しが行われます。

解　説

●成人年齢法制のちぐはぐさ

　国民投票の投票権年齢、国政・地方選挙の選挙権年齢をともに18歳としているのが、世界の潮流です。[*1]

　附則3条は、[法制上の措置]として「国は、この法律が施行されるまでの間に、年齢満18年以上満20年未満の者が国政選挙に参加することができること等となるよう、選挙権を有する者の年齢を定める公職選挙法、成年年齢を定める民法その他の法令の規定について検討を加え、必要な法制上の措置を講ずるものとする」と定めています。

　具体的な達成スケジュールは書かれていませんが、成人年齢を**18歳**に引き下げ、統一させるための法改正が予定されます（投票権年齢については→Q23）。

　成人年齢を定める法律ごとに所管官庁があり、成人年齢法制はちぐはぐなものになっています。[*2] 例えば、私法上の権利能力を定める民法、少年の刑事責任の減軽を定める少年法は法務省、選挙権年齢を定める公選法は総務省、

[*1] 衆議院欧州各国国民投票制度調査議員団の訪問国（オーストリア、スロバキア、スイス、スペイン、フランス）はすべて、投票権年齢と選挙権年齢が一致しています（『衆議院欧州各国国民投票制度調査議員団報告書』2006年2月）。

未成年者喫煙禁止法と未成年者飲酒防止法は財務省と厚生労働省、中型免許の取得を定める道路交通法は警察庁が所管するといった具合です。

成人年齢法制の意義（範囲）については、明確な定義はありません。

もっとも、民法4条が、「年齢20歳をもって、成年とする」と規定していることから、

①20歳を基準としている法律、
②成年者（未成年者）を基準としている法律、

の総称としておきます。②は、民法4条が改正されることにより、その影響を受ける法律です。

成人年齢法制見直しの対象となる法律は、28に及ぶとの答弁があります。[*3]
とりわけ刑法・少年法の見直しに関しては、18歳以上20歳未満の者と20歳以上の者との公選法上の制裁のバランスをとる必要があります。[*4]

●成人年齢法制の改革に向けて

国民投票法が公布された後、施行されるまでの3年間に、しかるべき法改正が行われることが予定されています。附則で掲げられている公選法、民法[*5]

[*2] 衆院憲法特委（2006年3月9日）における枝野幸男委員（民主）の発言を参照。「この18歳成人に関する所管は、実は官庁は非常に多岐に及んでおります。しかも、成人年齢を決める主務官庁はどこなのかということについて、存在はしません。しないと言っていいんだろうと思います。民法は民法的観点から20を成人としている。刑法は刑法的観点から20を成人としている。省庁ではありませんが、法務省の民事局と刑事局との間ですら、この調整をすることには、あるいはどちらがイニシアチブをとるのかということには、なかなか困難があるのではないかというふうに思っております。まさにこれこそ国会が主導して決めていく、そして国会が主導して決めたことに従って各省庁が所管する法律を18歳成人に合わせて整備をしていくというテーマでありますし、主権者の範囲をどうするのか、主権者として権利行使を直接具体的にできる範囲はどこなのかというのは、まさに我々が所管をしている憲法的テーマであるというふうに思っております」と述べています。

[*3] 衆院憲法特委（2007年3月29日）における、船田元・併合修正案提出者（自民）の答弁参照。

[*4] 参院本会議（2007年4月16日）における、赤松正雄・併合修正案提出者（公明）の趣旨説明参照。

[*5] 「この3年間の間に、できれば少なくとも公選法につきましては（改正だけでなく）施行されることが望ましい」との立法者意思が示されています。衆院憲法特委（2007年3月29日）における、船田元・併合修正案提出者（自民）の発言参照。但し、衆院憲法特委（2007年4月12日）においては、施行ではなく「公布」との見解を示しています。

20歳を基準とする法律一覧

① 民法
② 未成年者喫煙禁止法
③ 未成年者飲酒禁止法
④ 恩給法
⑤ 船員保険法
⑥ 児童福祉法
⑦ 地方自治法
⑧ 少年院法
⑨ 少年法
⑩ 風俗営業等の規制及び業務の適正化等に関する法律
⑪ 犯罪者予防更生法
⑫ 地方税法
⑬ 国籍法
⑭ 公職選挙法
⑮ 相続税法
⑯ 旅券法
⑰ 国家公務員災害補償法
⑱ 船舶職員及び小型船舶操縦者法
⑲ 社会保険審査官及び社会保険審査会法
⑳ 厚生年金保険法
㉑ 売春防止法
㉒ 引揚者給付金等支給法
㉓ 租税特別措置法
㉔ 国家公務員共済組合法の長期給付に関する施行法
㉕ 国家公務員共済組合法
㉖ 銃砲刀剣類所持等取締法
㉗ 国民年金法
㉘ 道路交通法
㉙ 児童扶養手当法
㉚ 地方公務員等共済組合法の長期給付等に関する施行法
㉛ 地方公務員等共済組合法
㉜ 特別児童扶養手当等の支給に関する法律
㉝ 母子及び寡婦福祉法
㉞ 所得税法
㉟ 地方公務員災害補償法
㊱ 引揚者等に対する特別交付金の支給に関する法律
㊲ 沖縄の復帰に伴う特別措置に関する法律

- ㊳ 国際捜査共助等に関する法律
- ㊴ 暴力団員による不当な行為の防止等に関する法律
- ㊵ 社会保障に関する日本国とドイツ連邦共和国との間の協定の実施に伴う厚生年金保険法等の特例等に関する法律
- ㊶ 社会保障に関する日本国とグレート・ブリテン及び北部アイルランド連合王国との間の協定の実施に伴う厚生年金保険法等の特例等に関する法律
- ㊷ 鳥獣の保護及び狩猟の適正化に関する法律
- ㊸ 国際受刑者移送法
- ㊹ 性同一性障害者の性別の取扱いの特例に関する法律
- ㊺ 社会保障に関する日本国とアメリカ合衆国との間の協定の実施に伴う厚生年金保険法等の特例等に関する法律
- ㊻ 刑事施設及び受刑者の処遇等に関する法律

※本表は法令データ提供システム（http://law.e-gov.go.jp/cgi-bin/strsearch.cgi）において、「満二十年」「二十歳」でOR検索したもの。2007年6月現在。
本表の他に、成年者／未成年者で区別する法律もあります。

以外の法律についても、国会のイニシアティヴで見直しが行われることが望まれますが、すべて議員立法で改正することは政治的に困難です。反対に、各省庁が所管している法律を、同時期に改正を進めることも十分期待できません。

したがって、議院内閣制の下、与党の意思決定を政府が尊重し、実現に向けて努力するということで、成人年齢法制改革の政治的担保をとる方策が肝要です。

国民投票法が参院で可決・成立した日、内閣官房に「**年齢条項の見直しに関する検討会**」が設置されることが決定し、その後初会合が開かれました（2007年5月17日）。今後、各省庁で所管法律ごとに見直しの検討が行われることになります。[*6]

---

*6 政府・与党の十分な連携が必要です。参院憲法特委（2007年4月19日）における、保岡興治・併合修正案提出者（自民）の答弁参照。

Q59 国民投票には、どれくらいの費用がかかるの？

条文

国民投票法136条

ポイント

国民投票は、一回あたり約852億円の経費支出が見込まれています。

解説

● 1回あたり852億円

国民投票法が施行されることにより、新たな経費が発生します。
① 投票人名簿と在外投票人名簿を調製するために必要な情報システムの構築等→約40億円
② ①のシステムの維持管理費→平年度約10億円
③ 国民投票の実施に要する費用→1回あたり約852億円

● 費用の内訳は？

国民投票は、1回あたり**約852億円**かかります（これは、山形市、福島市及び福井市の一般会計予算に匹敵します）。費用はすべて国庫が負担します。

その内訳は、以下のとおりです（国民投票法136条）。

1　投票人名簿及び在外投票人名簿の調製に要する費用（投票人名簿及び在外投票人名簿を調製するために必要な情報システムの構築及び維持管理に要する費用を含む）
2　投票所及び期日前投票所に要する費用
3　開票所に要する費用
4　国民投票分会及び国民投票会に関する費用
5　投票所等における憲法改正案等の掲示に関する費用
6　憲法改正案の広報に要する費用

7　国民投票公報の印刷及び配布に要する費用
8　国民投票の方法に関する周知に要する費用
9　国民投票法106条及び107条の規定による放送及び新聞広告に要する費用
10　不在者投票に関する費用
11　在外投票に要する費用

Q60 国民投票はいつ、どんなテーマで行われるの?

条　文

ポイント

　具体的な憲法改正の議論が、直ちに憲法審査会でスタートするわけではありません。憲法改正の機運が高まるまで、相当な期間を要するでしょう。

解　説

●憲法改正発議に向けて

　国民投票法が成立したあとは、憲法改正の発議がいつ行われ、国民投票が実施されるかということに関心が移ります。

　しかし、憲法のどの部分が改正されるのか、改正案はどういう内容になるのか、国会で直ちに議論がスタートし、成案が得られる状況ではありません。

　事実、衆参両院の憲法審査会は、2007年9月召集の第167回臨時国会で設置されますが、経過期間中は憲法改正原案の審査権限が凍結されています。3年間は、憲法改正の要否等、憲法に関する広範かつ総合的な調査が行われるにとどまります。

　現実的には特定の政党の案だけで憲法改正発議がなされるわけではありません。国民世論の動向を見極めつつ、超党間のコンセンサスづくりがこれから始まるという段階ではないでしょうか。まずは、衆院両院の憲法調査会報告書（2005年4月）で**多数意見**ないし**意見のすう勢**とされたテーマについて、内容を精査することが重要だと考えます。

　主権者である私たちは、憲法審査会の議論に十分な関心を寄せる必要があります。**憲法改正問題国民投票**についても、実施の是非、その具体的運用がどうなるのか、注目すべきです（→Q57）。

●憲法改正試案

　私から、憲法改正試案を一つ提案します。

　憲法96条3項として、「前二項の手続を定める法律を改正するには、各議院の総議員の3分の2以上の多数による議決を要する」という条文を、増補するのです。[*1]

　要するに、憲法56条2項（過半数の議決要件）の例外として、憲法改正手続法制を硬性化します。国民投票法は与野党の幅広い合意に基づき、限りなく共同提出（修正）に近い形で制定されましたが、将来それが覆り（反故にされ）、法改正が単純多数決で行われないという制約を、憲法上明確にしておくためです。

＊1　国民投票期日の議決要件も加重すべきと考えます（国会法68条の6）。参院憲法特委・さいたま地方公聴会（2007年5月10日）における拙論参照。

第 **2** 部
憲法改正国民投票法の成立経緯

第2部 憲法改正国民投票法の成立経緯

第2部では、憲法改正国民投票法制定についての議論が始まり、法律が成立するまでの経緯を振り返ります。憲法施行以降、すべての史実をフォローし、記述することは困難ですので、私が国民投票法制の論点整理に参与した2005年以降の出来事を中心に、国会の会期ごとに解説します（詳しくは、別表［本書172頁］をご覧ください）。

1　国会での議論

第162回通常国会（2005年1月21日～2005年8月8日）

「政権を担う意思のある政党が協議し合意をして、**幅広い合意形成**のもとで、この我々国会や内閣が行動するルールというものを、政権を交代した場合であってもそのルール自体は共通である、こういう状況をつくっていくことが重要である」——これは、衆院憲法調査会（2005年2月17日）における、枝野幸男幹事（民主）の発言です。この発言は、国民投票法制の整備が将来の憲法改正のテストケースとして、幅広い院内合意の下で進められるべきとの共通認識を生むきっかけとなりました。

4月中旬、衆参両院の憲法調査会は、5年間にわたる調査結果をまとめた報告書を公表しました。報告書では、憲法改正の手続を定める国民投票法制の議論を開始することについて、「多数意見」（衆議院）ないし「意見のすう勢」（参議院）とされています。

国民投票法案に関し、与党（自民、公明）はすでに**議連案**（2001年11月16日）をベースに、**旧旧与党案**をまとめていました（2004年12月4日）。もっとも、議連案と旧旧与党案は、公選法を基本モデルに法制度設計がなされたために、

①虚偽報道の禁止等いくつかのメディア規制を置いていたこと、②個別の案件（憲法改正案）ごとに投票を行うという個別投票の原則が明確にされなかったこと、③憲法改正の発議から投票期日までの期間が最長で90日、最短で30日しかないのは、周知・広報の期間としては短いことなどから、様々な意見が出ました。なお、国民投票の投票権者と国政選挙の選挙権者を一致させるという前提で（実務上、名簿調製の負担が軽減されます）、満20歳以上の日本国民に投票権が認められるという制度設計がなされています。

　旧旧民主党案（2005年4月25日）は、メディア規制は原則ゼロとし、周知・広報期間を最長180日間とするなど、旧旧与党案と相違があるほか、①投票権年齢を満18歳以上の国民とすること（案件によっては、両議院の議決によって満16歳以上まで引下げ可能）、②国民投票の対象を憲法改正に限定せず、国政上の重要問題にまで拡げること（一般的国民投票）、などを内容としていました。とくに、②の一般的国民投票の是非については国会審議の最終段階まで、与野党最大の「対立論点」となりました。

第163回特別国会（2005年9月21日～2005年11月1日）

　郵政解散・総選挙の後、第163回特別国会が召集されました。衆議院には「日本国憲法に関する調査特別委員会」（中山太郎委員長）が置かれ、国民投票法制に関する調査が始まりました。保岡興治筆頭理事（自民）は、旧旧与党案をいったんゼロベースにすることも念頭に、特別委員会の調査を通じて民主党ほか野党との合意形成に強い期待感を表明しています（2005年10月6日）。

　民主党は、旧旧民主党案をベースに、旧民主党案をまとめました（2005年10月27日）。旧民主党案には、①憲法調査会の後継機関となる「憲法調査委員会」の常設化、②憲法改正案等に係る広報を担う「国民投票委員会」の設置、③国民投票の無効を争う訴訟制度の創設など新たな論点が加わりました。旧民主党案は大綱レベルであり、法案（条文）化はなされていません。

　衆院憲法特委は、会期中計6回開かれ、自由討議と参考人質疑が行われました。国民投票と国政選挙を同一の期日に行うことを政治的に想定しないこと、国民投票運動は原則自由としなければならないことなどの共通認識が生

衆院憲法特委・第2回中央公聴会（2007年4月5日）

まれました。さらに与党委員からも、18歳投票権に一定の理解を示す発言がありましたが、それは国政選挙の選挙権と一致している必要があるとの指摘もなされました。

　参院憲法調査会は、会期中計3回開かれ、各会派の基調発言と参考人質疑が行われました。

　閉会中、衆参両院の委員は、海外視察を行っています。

第164回通常国会（2006年1月20日～2006年6月18日）

　国会召集日に社民党が公表した「憲法改正国民投票法案について（案）」（2006年1月20日）は、個別投票の原則、18歳投票権を盛り込むとともに、最低投票率の設定、重度身障者に対する在宅投票・代理投票制度、在外投票制度の充実などを内容としています。

　2006年度政府予算案の衆議院審議が終わったタイミングで、衆院憲法特委の**理事懇談会**の場で国民投票法制の論点整理を行うことの与野党合意がなされました。理事懇談会は、2006年3月30日から2006年5月18日まで、毎

1　国会での議論　｜　163

週木曜日、計7回（9時間24分）にわたって開かれました（法律の制定に反対を表明している共産、社民両党もオブザーバー参加）。当時、旧旧与党案と旧民主党案が公表されていましたが、両案で意見の隔たっている論点、両案で意見は共通しているもののさらに細部を詰めるべき論点など、憲法改正手続の全体について、広範な整理が行われました。

なお、4月中旬には、衆院憲法特委の中山太郎委員長（自民）、保岡興治筆頭理事（自民）、枝野幸男筆頭理事（民主）が、衆議院議院運営委員会に出席し、**国会法の一部改正**（憲法改正原案の発議、審査から、憲法改正の発議がなされるまでの規定の整備）を衆院憲法特委で行うことについて説明、了承を得ました。旧与党案（2006年4月18日）以降、国会法の改正部分をも含んだ憲法改正手続法として、すべて一本化がなされています。

旧与党案は、上記理事懇談会の成果を反映したもので、旧旧与党案とは内容が大きく異なります。①憲法改正案の周知・広報期間を60日から180日の間とする、②広報機関として憲法改正案広報協議会を国会に設ける、③国民投票の公正を害しないよう、報道機関に自主的な取組みを求める（訓示規定）、④投票期日7日前からのスポットCMを規制する、⑤政党等に対し、広報の放送・広告無料枠が与えられる、⑥常設機関として、衆参両院に憲法審査会を設けること、などが内容です。

旧与党案は旧民主党案にかなり接近した内容になり、国民投票法案の共同提出に向けた機運が院内外で高まりました。しかし、「与党との共同提案はしない」という小沢一郎民主党代表の発言を契機に（2006年5月9日）、その機運は一気に減殺されます。

教育基本法改正法案の審議成立のために通常国会の会期を延長するのかどうか、小泉純一郎首相（当時）や与党幹部の意向も推し量りながら、**与党案**と**民主党案**が、別々に衆議院に提出されました（2006年5月26日）。翌週、衆議院本会議で趣旨説明と質疑が行われています（2006月6月1日）。

与党案はこの段階で、①投票人名簿の被登録資格としての「3か月要件」を撤廃、②国民投票運動が禁止される特定公務員として、会計検査官及び徴税官吏を除外、③外国人の国民投票運動規制を削除、④報道機関の自主的取組み（訓示規定）を削除しています。また、民主党案は、常設機関の名称を

与党案と同じく憲法審査会と改めています。

通常国会は延長されることなく閉会し（2006年6月18日）、7月には衆院憲法特委の海外視察が行われました。

第165回臨時国会（2006年9月26日～2006年12月19日）

安倍晋三内閣が発足し、臨時国会が召集されました（2006年9月26日）。衆院憲法特委では、与党案と民主党案の本格的な審査が開始し、その模様はNHKで生中継されています（2006年10月26日）。

さらに、衆院憲法特委の下に小委員会（日本国憲法の改正手続に関する法律案等審査小委員会・近藤基彦小委員長）が置かれ、論点ごとに参考人質疑と懇談を行うなど、精力的な議論が続けられました。衆院憲法特委の最後の回では（2006年12月14日）、船田元理事（自民）と枝野幸男筆頭理事（民主）から、締めくくりの発言として、与党案と民主党案のそれぞれについて**修正の方向性**が示されています。

会期中の委員会審査を通じ、この時点では、以下の15項目について、新たな合意が形成されました。

[１] 憲法審査会の権限……予備的国民投票の検討を加える。
[２] 憲法改正原案の起草……合同審査会で行い、各院憲法審査会に勧告することを基本形として想定する。
[３] 広報機関の名称……「国民投票広報協議会」とする。
[４] 国民投票公報の「解説等」……裁量事務を行わせないため、これを削除し、「憲法改正案に係る新旧対照表その他の参考となるべき事項」と改める。
[５] 国民投票運動の定義改定……「憲法改正案に対し賛成又は反対の投票をし又はしないよう積極的に勧誘する行為」と改める。
[６] 公務員法の適用除外……公務員の政治的行為の制限規定を適用しない。
[７] 特定公務員の範囲……中央選管職員等に限定する。
[８] 公務員等・教育者の地位利用……地位利用を明確化するとともに、

　　　　罰則を設けない。
［9］　投票権年齢……満18歳以上の日本国民とする（経過期間中、公選法が改正されるまでは満20歳以上）。
［10］　政党等に対する放送広告無料枠……賛否平等とし、政党が指名する団体にその枠を開放できる。
［11］　「過半数」の意義……無効票を限りなくゼロに近づけるという前提で、「投票総数」とする。
［12］　投票用紙への賛否記載方法……「賛成」「反対」欄を予め設け、「○」を自書する。
［13］　経過期間……3年とする。
［14］　成人年齢法制……民法、公選法等の見直しを行う。
［15］　一回の国民投票に付される憲法改正案の数……3〜5を上限とする。

　また、下記の7項目が残余論点となりました。

［1］　一般的国民投票の検討をどうするか（予備的国民投票に限定するか）。
［2］　憲法改正案に関する説明会（タウンミーティング）を行うかどうか。
［3］　広告を条件面で賛否平等に取扱う旨の配慮規定を置くかどうか（放送広告だけでなく、新聞広告も含めるか）。
［4］　スポットCM規制の期間を期日前14日間とするか、発議後全面禁止とするか。
［5］　政党等に対する新聞広告無料枠を設けるかどうか。
［6］　組織的多数人買収罪、利害誘導罪を置くべきかどうか。
［7］　投票用紙への記載において、「棄権」欄を設けるかどうか。消極的投票意思、他事記載をどう扱うか。

　以上の論点については、来年の通常国会で引続き、衆院憲法特委及び各政党で議論されることになったのです。

第166回通常国会（2007年1月25日〜2007年6月23日）

　年頭の記者会見で「任期中に憲法改正を実現したい」と表明し、憲法改正を夏の参院選の争点とすることに言及した安倍首相に対し、国会への圧力であり、立憲主義への挑戦ではないかとの批判が巻き起こりました。1月25日、通常国会が召集され、参議院にも日本国憲法に関する調査特別委員会が設置されました（関谷勝嗣委員長）。

　2007年度政府予算案の審議がなされる中、あくまでも民主党案の成立を目指す小沢一郎代表に対して、与党幹部からは「与党単独でも採決を行い、5月3日の憲法記念日までに成立させる」との発言が繰り返されました。与野党の緊張関係が高まる中、委員長職権で決まった2007年3月15日の衆院憲法特委では、与党強行採決という形で、翌週22日の中央公聴会開催が決まりました。

　与党は法案の単独採決をも視野に入れ、与党案と民主党案の**併合修正案**を提出しました（2007年3月27日）。併合修正案は、2006年12月14日の合意内容をほぼ踏まえた内容です。①組織的多数人買収罪における「明示の勧誘行為」の明記、②放送メディアは、国民投票放送に関する放送法3条の2の趣旨に留意する旨の規定が新設されています。

　民主党は単独で**民主修正案**を提出しました（2007年4月10日）。民主修正案も2006年12月14日の合意内容をほぼ踏まえた内容です。①一般的国民投票の対象を限定したこと（国政における重要な問題のうち憲法改正の対象となりうる問題、統治機構に関する問題、生命倫理に関する問題その他の国民投票の対象とすることにふさわしい問題として別に法律で定める問題に係る案件）、②公務員等・教育者の地位利用による国民投票運動を禁止（罰則は設けない）、③公務員の政治的行為の禁止規定は適用除外とすることを本則で明記、④組織的多数人買収罪、利害誘導罪の新設などが、民主党案との相違点です。

　この時点での、併合修正案と民主修正案との相違点は以下の5点です。

［1］　一般的国民投票の対象……本則又は附則でどこまで書き込むか
［2］　18歳投票権……経過期間を置くかどうか

1　国会での議論

> ［3］ 公務員の政治的行為の禁止規定の適用除外……現段階で法案の本則で明確に規定すべきかどうか
> ［4］ 政党等に対する新聞広告無料枠……認めるかどうか
> ［5］ スポットCM規制の期間……投票期日前14日間か、発議後全面禁止か。

　併合修正案は2007年4月12日に委員会採決が行われ、与党の過半数により可決（民主修正案は否決）、翌日の衆議院本会議で可決し、参議院に送付されました。

　参議院では、本会議趣旨説明（2007年4月16日）以降、委員会が連日長時間にわたって行われました。議員立法であるため、併合修正案の保岡興治筆頭提出者（自民）、船田元提出者（自民）、葉梨康弘提出者（自民）及び赤松正雄提出者（公明）が参院憲法特委に出席し、質疑に対する答弁が行われました。参院ではとくに、憲法改正原案の起草と審査に関わる二院制の問題、最低投票率の問題など、より深い議論が行われています。

　参院民主案は、併合修正案に対する対案として提出されました（2007年5月8日）。国民投票で一度否決された憲法改正案を再度発議することには熟慮を要すること、合同審査会の経過について、各院の憲法審査会長は適宜報告することなどを新たに盛り込んでいます。

　併合修正案は、2007年5月11日に委員会採決が行われ、与党多数により可決しました（参院民主案は否決）。2007年5月14日の本会議で可決・成立しました。同月18日に公布されています。

　なお、委員会採決の際、18項目にわたる**附帯決議**が採択されています（自民、民主、公明の各党が賛成）。附帯決議では、罰則規定の構成要件の明確化、最低投票率制度導入の是非、憲法改正案の周知・広報の充実などについて、引き続き検討を行うことが盛り込まれています。

2　民間からの意見

　国会で、国民投票法制の議論が本格化したこの間、民間の団体、グループ

からも数多くの意見、提言が発表されました。主なものを紹介します。

　日本弁護士連合会は、2005年2月18日、2006年8月22日及び同年12月1日の三度にわたって、意見書を発表しています。当時の与党案及び民主党案に対しては、周知・広報期間は最低1年とするべきこと、投票権者の3分の2以上の最低投票率を設けるべきことなどを求めています。法案の慎重な審議を求めて、各地の単位弁護士会や任意の弁護士グループからも多くの声明が発表されました。

　社団法人日本新聞協会は、「憲法改正に関する国民投票法案」に対する意見と題した意見書を、中山太郎・衆院憲法特委員長に提出しました（2007年1月25日）。広告条件の平等に関する配慮規定の新設（与党）、新聞広告無料枠の撤回（民主党）という各案修正の方向性に対し、新聞が国民の知る権利に奉仕するという立場から反論が述べられています。

　真っ当な国民投票のルールを作る会（今井一事務局長）は、2005年2月28日（第1次案）、2005年10月5日（第1次案修正）、及び2006年4月21日（第2次案）の三度にわたって「市民案」を公表しました。メディア規制、運動規制の基本的な考え方（とりわけ、スポットCM規制）については、その後の国会審議に大きな影響を与えました。

　［国民投票／住民投票］情報室（村西俊雄代表）は、国民投票法案（併合修正案）の衆院憲法特委採決に際して、公務員の政治的行為の制限を定めた公務員法を国民投票では適用除外とすることを明確に規定するよう、「見解」を発表しました（2007年4月12日）。

憲法改正国民投票法法制化のあゆみ

1 憲法改正国民投票法法制化の年表（1946年11月～2007年5月）

1946年
　11月 3 日　日本国憲法　公布
1947年
　 5 月 3 日　日本国憲法　施行
1952年
　12月 2 日　選挙制度調査会、憲法改正国民投票制度要綱を政府に答申
1953年
　 2 月11日　自治庁（現総務省）、憲法改正国民投票法案を作成、公表
　 2 月13日　政府、国民投票法案の国会提出見送り
1955年
　12月12日　自民党憲法調査会設置
〜
1997年
　 5 月 3 日　日本国憲法　施行50年
　 5 月23日　「憲法調査委員会推進議員連盟」（中山太郎会長）発足（衆院議員269名、参院議員105名）
1998年
　12月 1 日　民主党憲法調査会設置
1999年
　 5 月26日　憲法調査委員会推進議員連盟、「憲法調査推進議員連盟」と改称
　12月16日　公明党憲法調査会設置
2000年
　 1 月20日　衆参両院に憲法調査会設置
2001年
　11月16日　［議連案］憲法調査推進議員連盟、「国会法の一部を改正する法律案」及び「日本国憲法改正国民投票法案」を作成、公表
2004年
　 4 月21日　国民投票法等に関する与党実務者会議、初会合（11月30日まで、計9回）
　12月 3 日　［旧旧与党案］国民投票法等に関する与党協議会実務者会議、議連案の修正で合意
2005年
　 4 月15日　衆院憲法調査会、「衆議院憲法調査会報告書」を衆院議長に提出

4月20日	参院憲法調査会、「日本国憲法に関する調査報告書」を参院議長に提出
4月25日	[旧旧民主党案] 民主党、「憲法改正国民投票法制に係る論点とりまとめ案」を公表
9月21日	衆院憲法特委（日本国憲法に関する調査特別委員会・中山太郎委員長）設置
10月27日	[旧民主党案] 民主党が「憲法改正案の発議に係る議事手続に関する法律案・大綱」及び「憲法改正及び国政問題に係る国民投票法案・大綱」を公表
10月28日	自民党、「新憲法草案」を公表
10月31日	民主党、「憲法提言」を公表

2006年

1月20日	社民党、「憲法改正国民投票法案について（案）」（論点整理）を公表
3月30日	衆院憲法特委・理事懇談会、論点整理作業に着手（5月18日まで計7回）
4月18日	[旧与党案] 国民投票法等に関する与党協議会、「日本国憲法の改正手続に関する法律案（仮称）骨子」了承
5月26日	[与党案] 自民・公明両党、「日本国憲法の改正手続に関する法律案」を衆議院に提出（衆法第30号）
5月26日	[民主党案] 民主党、「日本国憲法の改正及び国政における重要な問題に係る案件の発議手続及び国民投票に関する法律案」を衆議院に提出（衆法第31号）
6月1日	[与党案] 及び [民主党案] の趣旨説明（衆院本会議及び衆院憲法特委）
10月26日	衆院憲法特小委（日本国憲法の改正手続に関する法律案等審査小委員会・近藤基彦小委員長）設置
11月3日	日本国憲法　公布60年
12月14日	[与党案] 及び [民主党案]、修正の方向性を表明

2007年

1月25日	参院憲法特委（日本国憲法に関する調査特別委員会・関谷勝嗣委員長）設置
3月27日	[併合修正案] 保岡興治議員外3名提出（※与党案と民主党案の併合修正案）
4月10日	[民主修正案] 枝野幸男議員外2名提出（※民主党単独の修正案）
4月12日	[併合修正案] 衆院憲法特委で、与党の多数により可決（[民主修正案] は否決）
4月13日	[併合修正案] 衆院本会議で可決、参院に送付
4月16日	[併合修正案] 参院本会議で趣旨説明
5月3日	日本国憲法　施行60年
5月8日	[参院民主案] 小川敏夫議員外4名提出（※民主党単独の修正案）
5月11日	[併合修正案] 参院憲法特委で、与党の賛成多数により可決（[参院民主案] は否決）
5月14日	[併合修正案] 参院本会議で可決、成立
5月18日	国民投票法公布

2 憲法改正国民投票法に関する国会の動き
（第163回通常国会～第166回通常国会）

◎第163回特別国会（2005年9月21日～11月1日）・閉会中
1 衆院憲法特委（計6回、16時間21分）

年月日	開議	散会	時間	内容
2005年9月22日	13:23	13:27	0:04	委員長と理事の互選
10月6日	9:00	11:57	2:57	自由討議
10月13日	9:00	11:45	2:45	[参考人] 高見勝利（上智大学大学院法学研究科教授） 高橋正俊（香川大学大学院　香川大学・愛媛大学連合法務研究科教授）
	14:00	16:34	2:34	自由討議
10月20日	9:01	11:49	2:48	[参考人] 今井一（ジャーナリスト、真っ当な国民投票のルールを作る会事務局長） 吉岡忍（作家）
	14:00	16:03	2:03	自由討議
10月27日	9:00	12:08	3:08	[参考人] 福井康佐（成蹊大学法学部講師） 各会派意見陳述
11月1日	10:00	10:02	0:02	閉会中審査に関する件

2 衆院欧州各国国民投票制度調査議員団
・日　程　2005年11月7日（月）～11月19日（土）
・訪問国　オーストリア、スロバキア、スイス、スペイン、フランス
・団　員　中山太郎（自民）、保岡興治（自民）、葉梨康弘（自民）、枝野幸男（民主）、古川元久（民主）、高木陽介（公明）、笠井亮（共産）、辻元清美（社民）

3　参院憲法調査会（計4回、5時間8分）

年月日	開議	散会	時間	内容
2005年9月29日	11:47	11:48	0:01	幹事補欠選任
10月12日	13:00	14:05	1:05	各会派意見陳述
10月19日	12:40	14:44	2:04	[参考人] 隅野隆徳（専修大学名誉教授） 只野雅人（一橋大学大学院法学研究科教授）
10月26日	12:40	14:38	1:58	[参考人] 大野博人（朝日新聞外報部長） 土生修一（読売新聞東京本社国際部次長）

4　参院海外派遣重要事項調査第四班
- 日　程　2005年11月12日（土）～11月21日（月）
- 訪問国　スイス、EU、フランス
- 団　員　関谷勝嗣（自民）、舛添要一（自民）、浅尾慶一郎（民主）、喜納昌吉（民主）、吉川春子（共産）、近藤正道（社民）

◎第164回通常国会（2006年1月20日～6月18日）・閉会中

1　衆院憲法特委（計13回、25時間49分）

年月日	開議	散会	時間	内容
2006年1月20日	12:15	12:20	0:05	委員長と理事の互選
2月23日	10:00	11:36	1:36	欧州各国視察報告
3月9日	10:00	11:41	1:41	基調発言[自民・民主]と質疑
3月16日	10:10	11:46	1:36	基調発言[公明・共産]と質疑
3月23日	10:26	11:57	1:31	基調発言[社民・国民]と質疑
3月30日	10:00	11:58	1:58	自由討議
4月6日	10:01	11:51	1:50	自由討議
4月13日	9:00	11:55	2:55	[参考人] 石村英二郎（日本放送協会理事） 堀鉄蔵（社団法人日本民間放送連盟理事・報道委員長）

年月日	開議	散会	時間	内容
4月20日	9:03	11:47	2:44	[参考人] 山了吉（社団法人日本雑誌協会編集倫理委員会委員長） 鈴木哲（社団法人日本雑誌協会個人情報・人権問題特別委員会委員長） 勝見亮助（社団法人日本雑誌協会専務理事）
4月27日	9:00	11:50	2:50	[参考人] 楢崎憲二（社団法人日本新聞協会編集小委員会委員長） 石井勤（社団法人日本新聞協会編集小委員会副委員長） 藤原健（社団法人日本新聞協会編集小委員会委員）
5月18日	9:01	11:46	2:45	[参考人] 小林節（慶應義塾大学法学部教授、弁護士） 伊藤真（伊藤塾塾長、法学館憲法研究所所長）
6月1日	9:00	11:40	2:40	[参考人] 天野祐吉（コラムニスト） 山田良明（社団法人日本民間放送連盟放送基準審議会委員、放送倫理小委員会委員長）
	17:06	17:20	0:14	与党案、民主党案　提案理由説明
6月15日	9:01	10:25	1:24	各会派意見陳述、提出者発言、閉会中審査

2　衆院本会議

年月日	開議	散会	時間	内容
2006年6月1日	13:02	16:58	3:56	与党案、民主党案　趣旨説明・質疑　※冒頭、諸法案の議決

3　衆院憲法特委・理事懇談会（論点整理）
2006年3月30日（木）から5月18日（木）まで、計7回（9時間24分）

4　衆院欧州各国憲法及び国民投票制度調査議員団
- 日　程　2006年7月16日（日）～7月26日（土）
- 訪問国　ポーランド、イタリア、デンマーク、エストニア
- 団　員　中山太郎（自民）、保岡興治（自民）、船田元（自民）、枝野幸男（民主）、斉藤鉄夫（公明）、笠井亮（共産）、辻元清美（社民）

5　参院憲法調査会（計3回、4時間1分）

年月日	開議	散会	時間	内容
2006年2月22日	13:00	14:30	1:30	幹事補欠選任、海外視察報告
4月19日	13:00	14:08	1:08	各会派意見陳述
4月26日	13:00	14:23	1:23	自由討議

◎第165回臨時国会（2006年9月26日～12月19日）・閉会中

1　衆院憲法特委（計11回、22時間57分）

年月日	開議	散会	時間	内容
2006年9月28日	12:27	12:31	0:04	委員長と理事の互選
10月19日	10:00	11:25	1:25	欧州各国視察報告
10月26日	9:00	12:04	3:04	与党案、民主党案趣旨説明・質疑　※NHK中継
11月2日	14:00	16:51	2:51	小委（11月2日）報告・質疑
11月9日	9:01	11:38	2:37	小委（11月7日）報告・質疑
11月30日	9:02	11:51	2:49	小委（11月16日）報告・質疑
12月5日	10:00	10:56	0:56	小委（11月30日）報告
12月7日	9:00	11:59	2:59	質疑［自民・民主・公明］
	14:02	17:22	3:20	質疑［共産・社民・国民］
12月14日	9:30	11:24	1:54	小委（12月12日）報告・質疑
	14:00	14:58	0:58	提出者発言、閉会中審査に関する件

2 衆院憲法特小委（計5回、13時間51分）

年月日	開議	散会	時間	内容
2006年11月2日	9:00	11:59	2:59	[参考人] 今井一（ジャーナリスト、真っ当な国民投票のルールを作る会事務局長） 吉岡桂輔（日本弁護士連合会副会長） 松本光寿（日本弁護士連合会副会長） 菅沼一王（日本弁護士連合会憲法委員会事務局長） 福井康佐（成蹊大学法学部講師） 田中章史（日本自治体労働組合総連合副中央執行委員長）
11月7日	9:00	12:06	3:06	[参考人] 渡辺興二郎（社団法人日本民間放送連盟報道委員会委員・報道小委員長） 山田良明（社団法人日本民間放送連盟放送基準審議会委員・放送倫理小委員会委員長） 今井一（ジャーナリスト、真っ当な国民投票のルールを作る会事務局長） 吉岡桂輔（日本弁護士連合会副会長） 菅沼一王（日本弁護士連合会憲法委員会事務局長） 山田健太（専修大学文学部助教授）
11月16日	9:00	12:03	3:03	[参考人] 小林節（慶應義塾大学法学部教授、弁護士） 高見勝利（上智大学大学院法学研究科教授） 井口秀作（大東文化大学法科大学院助教授）
11月30日	14:32	16:18	1:46	自由討議
12月12日	9:00	11:57	2:57	[参考人] 石村英二郎（日本放送協会理事） 上村武志（読売新聞東京本社論説副委員長） 近藤憲明（毎日新聞論説委員）

				中静敬一郎（産経新聞東京本社論説副委員長）
				吉岡桂輔（日本弁護士連合会副会長）
				菅沼一王（日本弁護士連合会憲法委員会事務局長）

3　参院憲法調査会（計1回、0時間1分）

年月日	開議	散会	時間	内容
2006年10月23日	14：12	14：13	0：01	幹事補欠選任

◎第166回通常国会（2007年1月25日～6月23日）・閉会中

1　衆院憲法特委（計5回、6時間12分）

年月日	開議	散会	時間	内容
2007年 1月25日	13：19	13：21	0：02	委員長と理事の互選
3月15日	10：44	10：46	0：02	中央公聴会日程採決
3月22日	8：51	8：53	0：02	地方公聴会日程採決
3月29日	14：30	17：25	2：55	併合修正案の趣旨説明、質疑
4月12日	11：01	12：16	1：15	併合修正案及び民主修正案に対する質疑
	16：08	18：04	1：56	併合修正案可決（民主修正案否決）

2　衆院憲法特委・中央公聴会（計2回、11時間36分）

年月日	開議	散会	時間	公述人
2007年 3月22日	9：00	12：02	3：02	浅野大三郎（中央選挙管理会委員長） 小澤隆一（東京慈恵会医科大学教授） 江橋崇（法政大学法学部教授）
	14：01	17：00	2：59	本田雅俊（政策研究大学院大学助教授） 山花郁夫（前衆議院議員、JPU総合研究所特別研究員） 高田健（国際政治研究所代表）
4月5日	9：00	12：01	3：01	百地章（日本大学法学部教授） 庭山正一郎（社団法人自由人権協会代表理事、弁護士）

			小林庸平（特定非営利活動法人Rights理事） 田辺初枝（主婦）
13:01	15:35	2:34	南部義典（大宮法科大学院大学法務研究科法務専攻） 松繁美和（地方公務員） 森川文人（弁護士）

3　衆院憲法特委・地方公聴会（計2回、4時間17分）

年月日	開議	散会	時間	意見陳述者
2007年3月28日 （新潟市）	9:40	11:44	2:04	田村秀（新潟大学大学院実務法学研究科助教授） 馬場泰（新潟県弁護士会会長） 藤尾彰（新潟大学名誉教授） 越智敏夫（新潟国際情報大学情報文化学部教授）
3月28日 （大阪市）	16:01	18:14	2:13	今井一（ジャーナリスト、［国民投票／住民投票］情報室事務局長） 中野寛成（新時代政策研究会会長） 吉田栄司（関西大学法学部教授） 中北龍太郎（弁護士）

4　衆院本会議

年月日	開議	散会	時間	内容
2007年4月13日	13:00	14:53	1:53	可決（参議院送付）

5　参院憲法特委（計12回、42時間13分）

年月日	開議	散会	時間	内容
2007年1月26日	10:00	10:02	0:02	委員長と理事の互選
4月17日	13:30	16:58	3:28	趣旨説明、質疑（併合修正案）
4月18日	11:00	12:01	1:01	質疑（併合修正案）
	13:00	18:00	5:00	質疑（併合修正案）
4月19日	9:00	11:47	2:47	質疑（併合修正案）
	13:20	15:49	2:29	質疑（併合修正案）

4月23日	13:00	16:03	3:03	[参考人] 竹花光範（駒澤大学法学部教授） 江橋崇（法政大学法学部教授） 木村庸五（弁護士） 福井康佐（成蹊大学法学部非常勤講師）
4月25日	13:59	17:37	3:38	4/24地方公聴会報告、質疑 （併合修正案）
4月26日	15:00	17:30	2:30	質疑（併合修正案）
4月27日	12:30	14:46	2:16	[参考人] 石井勤（社団法人日本新聞協会編集小委員会委員長） 石野伸子（社団法人日本新聞協会編集小委員会副委員長） 大久保好男（社団法人日本新聞協会編集小委員会委員） 山了吉（社団法人日本雑誌協会編集倫理委員会委員長） 鈴木哲（社団法人日本雑誌協会個人情報・人権問題特別委員会委員長） 勝見亮助（社団法人日本雑誌協会専務理事） 渡辺興二郎（社団法人日本民間放送連盟報道委員会委員・報道小委員長） 石村英二郎（日本放送協会理事）
5月8日	13:00	18:12	5:12	5/7地方公聴会報告 [参考人] 西修（駒澤大学法学部教授） 今井一（ジャーナリスト、[国民投票／住民投票]情報室事務局長） 西原博史（早稲田大学社会科学総合学術院教授） 宮里邦雄（弁護士、日本労働弁護団会長） 鈴木利治（立教大学大学院法務研究科教授、弁護士） 小林節（慶應義塾大学法学部教授、弁護士）

年月日	開会	閉会	時間	公述人
				高見勝利（上智大学法科大学院教授） 隅野隆徳（専修大学名誉教授）
5月9日	13:00	16:50	3:50	質疑（併合修正案、参院民主案）
5月10日	10:00	11:56	1:56	[参考人] 五十嵐敬喜（法政大学法学部教授） 小澤隆一（東京慈恵会医科大学教授）
5月11日	12:55	17:56	5:01	5/10地方公聴会報告、質疑（併合修正案、参院民主案）、裁決

7　参院憲法特委・地方公聴会（計6回、12時間12分）

年月日	開会	閉会	時間	公述人
2007年4月24日 （仙台市）	13:00	15:03	2:03	相沢光哉（宮城県議会議長） 佐々木健次（弁護士） 藤野美都子（福島県立医科大学医学部人文社会科学講座教授） 渡辺泰宏（社団法人東北経済連合会事務局部長）
4月24日 （名古屋市）	13:00	14:58	1:58	鈴沖勝美（愛知県国民健康保険団体連合会専務理事） 日沖靖（三重県いなべ市長） 笠松健一（弁護士） 網中政機（名城大学法学部教授）
5月7日 （札幌市）	13:00	15:12	2:12	武谷洋三（株式会社自由広報センター取締役） 山口二郎（北海道大学大学院教授） 越前屋民雄（越前屋法律事務所所長、弁護士） 小坂祥司（弁護士）
5月7日 （福岡市）	13:00	14:54	1:54	植村敏満（社団法人日本青年会議所九州地区協議会会長） 清田信治（福岡県議会議員） 梁井迪子（西日本工業大学理事、女性と教育の未来を考える会代表） 石村善治（福岡大学名誉教授）
5月10日 （さいたま市）	14:30	16:42	2:12	田村琢実（埼玉県議会議員） 榎本賢治（社団法人日本青年会議所

					関東地区埼玉ブロック協議会会長） 南部義典（大宮法科大学院大学法務研究科法務専攻） 三輪隆（埼玉大学教育学部教授）
5月10日 **（横浜市）**	14：30	16：23	1：53		久留島学（神奈川県立高等学校教諭） 佐々木宣彰（かながわ創造研究所幹事） 山花郁夫（前衆議院議員、JPU総合研究所特別研究員） 森卓爾（弁護士、憲法改悪阻止神奈川県連絡会議幹事長）

8　参院本会議

年月日	開議	散会	時間	内容
2007年4月16日	11：01	12：38	1：37	趣旨説明、質疑
5月14日	11：01	11：54	0：53	可決、成立

第3部
資料編

憲法改正国民投票法
（日本国憲法の改正手続に関する法律・平成19年法律第51号）

日本国憲法の改正手続に関する法律案に対する附帯決議
（2007年5月11日、参議院日本国憲法に関する調査特別委員会）

憲法改正国民投票法（日本国憲法の改正手続に関する法律）

平成19年法律第51号
成立日：2007年5月14日
公布日：2007年5月18日
完全施行日：2010年5月18日

＊条文番号等は、算用数字に改めた。
　また、条文が2項以上から成っているときは、各項のあたまに①②③式の項番号を付した。

目次
第1章　総則（第1条）
第2章　国民投票の実施
　第1節　総則（第2条～第10条）
　第2節　国民投票広報協議会及び国民投票に関する周知（第11条～第19条）
　第3節　投票人名簿（第20条～第32条）
　第4節　在外投票人名簿（第33条～第46条）
　第5節　投票及び開票（第47条～第88条）
　第6節　国民投票分会及び国民投票会（第89条～第99条）
　第7節　国民投票運動（第100条～第108条）
　第8節　罰則（第109条～第125条）
第3章　国民投票の効果（第126条）
第4章　国民投票無効の訴訟等
　第1節　国民投票無効の訴訟（第127条～第134条）
　第2節　再投票及び更正決定（第135条）
第5章　補則（第136条～第150条）
第6章　憲法改正の発議のための国会法の一部改正（第151条）
附則

第1章　総則

第1条（趣旨）　この法律は、日本国憲法第96条に定める日本国憲法の改正（以下「憲法改正」という。）について、国民の承認に係る投票（以下「国民投票」という。）に関する手続を定めるとともに、あわせて憲法改正の発議に係る手続の整備を行うものとする。

第2章　国民投票の実施

第1節　総則

第2条（国民投票の期日）
① 国民投票は、国会が憲法改正を発議した日（国会法（昭和22年法律第79号）第68条の5第1項の規定により国会が日本国憲法第96条第1項に定める日本国憲法の改正の発議をし、国民に提案したものとされる日をいう。）から起算して60日以後180日以内において、国会の議決した期日に行う。
② 内閣は、国会法第65条第1項の規定により国民投票の期日に係る議案の送付を受けたときは、速やかに、総務大臣を経由して、当該国民投票の期日を中央選挙管理会に通知しなければならない。
③ 中央選挙管理会は、前項の通知があったときは、速やかに、国民投票の期日を官報で告示しなければならない。

第3条（投票権）　日本国民で年齢満18年以上の者は、国民投票の投票権を有する。

第4条（投票権を有しない者）　成年被後見人は、国民投票の投票権を有しない。

第5条（本籍地の市町村長の通知）　市町村長は、第22条第1項第1号に規定する登録基準日から国民投票の期日までの間、その市町村に本籍を有する者で他の市町村に住所を有するもの又は他の市町村において第37条の規定による在外投票人名簿の登録がされているものについて、前条の規定により投票権を有しなくなるべき事由が生じたこと又はその事由がなくなったことを知ったときは、遅滞なくその旨を当該他の市町村の選挙管理委員会に通知しなければならない。

第6条（国民投票を行う区域）　国民投票は、全都道府県の区域を通じて行う。

第7条（投票区及び開票区）　公職選挙法（昭和25年法律第100号）第17条及び第18条の規定は、国民投票の投票区及び開票区について準用する。

第8条（国民投票の執行に関する事務の管理）
① 国民投票の執行に関する事務は、この法律に特別の定めがある場合を除くほか、中央選挙管理会が管理する。
② 公職選挙法第5条の3から第5条の5までの規定は、国民投票の執行に関する事務について準用する。

第9条（国民投票取締りの公正確保）　公職選挙法第7条の規定は、国民投票の取締りに関する規定の執行について準用する。

第10条（特定地域に関する特例）　交通至難の島その他の地において、この法律の規定を適用し難い事項については、政令で特別の規定を設けることができる。

第2節　国民投票広報協議会及び国民投票に関する周知

第11条（協議会）　国民投票広報協議会（以下この節において「協議会」という。）については、国会法に定めるもののほか、この節の定めるところによる。

第12条（協議会の組織）
① 協議会の委員（以下この節において「委員」という。）は、協議会が存続する間、その任にあるものとする。

② 委員の員数は、憲法改正の発議がされた際衆議院議員であった者及び当該発議がされた際参議院議員であった者各10人とし、その予備員の員数は、当該発議がされた際衆議院議員であった者及び当該発議がされた際参議院議員であった者各10人とする。
③ 委員は、各院における各会派の所属議員数の比率により、各会派に割り当て選任する。ただし、各会派の所属議員数の比率により各会派に割り当て選任した場合には憲法改正の発議に係る議決において反対の表決を行った議員の所属する会派から委員が選任されないこととなるときは、各議院において、当該会派にも委員を割り当て選任するようできる限り配慮するものとする。
④ 前項の規定は、予備員の選任について準用する。
⑤ 委員に事故のある場合又は委員が欠けた場合は、憲法改正の発議がされた際にその者の属していた議院の議員であった予備員のうちから協議会の会長が指名する者が、その委員の職務を行う。

第13条（会長の権限） 協議会の会長は、協議会の議事を整理し、秩序を保持し、協議会を代表する。

第14条（協議会の事務）
① 協議会は、次に掲げる事務を行う。
   1 国会の発議に係る日本国憲法の改正案（以下「憲法改正案」という。）及びその要旨並びに憲法改正案に係る新旧対照表その他参考となるべき事項に関する分かりやすい説明並びに憲法改正案を発議するに当たって出された賛成意見及び反対意見を掲載した国民投票公報の原稿の作成
   2 第65条の憲法改正案の要旨の作成
   3 第106条及び第107条の規定によりその権限に属する事務
   4 前三号に掲げるもののほか憲法改正案の広報に関する事務
② 協議会が、前項第1号、第2号及び第4号の事務を行うに当たっては、憲法改正案及びその要旨並びに憲法改正案に係る新旧対照表その他参考となるべき事項に関する分かりやすい説明に関する記載等については客観的かつ中立的に行うとともに、憲法改正案に対する賛成意見及び反対意見の記載等については公正かつ平等に扱うものとする。

第15条（協議会の議事）
① 協議会は、憲法改正の発議がされた際衆議院議員であった委員及び当該発議がされた際参議院議員であった委員がそれぞれ7人以上出席しなければ、議事を開き議決することができない。
② 協議会の議事は、出席委員の3分の2以上の多数で決する。

第16条（協議会事務局）
① 協議会に事務局を置く。
② 事務局に参事その他の職員を置き、参事のうち1人を事務局長とする。
③ 事務局長は、協議会の会長の監督を受けて、庶務を掌理し、他の職員を指揮監督する。
④ 事務局長以外の職員は、上司の命を受けて、庶務に従事する。
⑤ 事務局長その他の職員は、協議会の会長が両議院の議長の同意及び両議院の議院運営委員会の承認を得て、任免する。
⑥ 前各項に定めるもののほか、事務局に関し必要な事項は、両議院の議長が協議して

定める。

第17条（両院議長協議決定への委任）　この節に定めるもののほか、協議会に関する事項は、両議院の議長が協議して定める。

第18条（国民投票公報の印刷及び配布）
① 協議会は、第14条第1項第1号の国民投票公報の原稿を作成したときは、これを国民投票の期日前30日までに中央選挙管理会に送付しなければならない。
② 中央選挙管理会は、前項の国民投票公報の原稿の送付があったときは、速やかに、その写しを都道府県の選挙管理委員会に送付しなければならない。
③ 都道府県の選挙管理委員会は、前項の国民投票公報の原稿の写しの送付があったときは、速やかに、国民投票公報を印刷しなければならない。この場合においては、当該写しを原文のまま印刷しなければならない。
④ 公職選挙法第170条第1項本文及び第2項の規定は、国民投票公報の配布について準用する。この場合において、同条第1項中「当該選挙に用うべき選挙人名簿」とあるのは「投票人名簿」と、「選挙の期日前2日」とあるのは「国民投票の期日前10日」と、同条第2項中「選挙人」とあるのは「投票人」と読み替えるものとする。

第19条（国民投票の方法等に関する周知等）
① 総務大臣、中央選挙管理会、都道府県の選挙管理委員会及び市町村の選挙管理委員会は、国民投票に際し、国民投票の方法、この法律に規定する規制その他国民投票の手続に関し必要と認める事項を投票人に周知させなければならない。
② 中央選挙管理会は、国民投票の結果を国民に対して速やかに知らせるように努めなければならない。
③ 投票人に対しては、特別の事情がない限り、国民投票の当日、その投票権を行使するために必要な時間を与えるよう措置されなければならない。

第3節　投票人名簿

第20条（投票人名簿）
① 市町村の選挙管理委員会は、国民投票が行われる場合においては、投票人名簿を調製しなければならない。
② 投票人名簿は、政令で定めるところにより、磁気ディスク（これに準ずる方法により一定の事項を確実に記録しておくことができる物を含む。以下同じ。）をもって調製することができる。
③ 国民投票を行う場合において必要があるときは、投票人名簿の抄本（前項の規定により磁気ディスクをもって投票人名簿を調製している市町村の選挙管理委員会にあっては、当該投票人名簿に記録されている全部若しくは一部の事項又は当該事項を記載した書類。第32条において同じ。）を用いることができる。
④ 投票人名簿の調製については、行政手続等における情報通信の技術の利用に関する法律（平成14年法律第151号）第6条の規定は、適用しない。
⑤ 第1項の規定により調製された投票人名簿は、当該国民投票に限り、その効力を有する。

第21条（投票人名簿の記載事項等）
① 投票人名簿には、投票人の氏名、住所、性別及び生年月日等の記載（前条第2項の規定により磁気ディスクをもって調製する投票人名簿にあっては、記録）をしなけれ

ばならない。
② 投票人名簿は、市町村の区域を分けて数投票区を設けた場合には、その投票区ごとに編製しなければならない。
③ 前二項に規定するもののほか、投票人名簿の様式その他必要な事項は、政令で定める。

第22条（被登録資格等）
① 投票人名簿の登録は、国民投票の期日現在で年齢満18年以上の日本国民（第4条の規定により投票権を有しない者を除く。）で、次のいずれかに該当するものについて行う。
　1　国民投票の期日前50日に当たる日（以下「登録基準日」という。）において、当該市町村の住民基本台帳に記録されている者
　2　登録基準日の翌日から14日以内に当該市町村の住民基本台帳に記録された者であって、登録基準日においていずれの市町村の住民基本台帳にも記録されていないもの（登録基準日後当該住民基本台帳に記録された日までの間に他の市町村の住民基本台帳に記録されたことがある者及び当該住民基本台帳に記録された日においていずれかの市町村の在外投票人名簿に登録されている者を除く。）
② 市町村の選挙管理委員会は、政令で定めるところにより、当該市町村の投票人名簿に登録される資格を有する者を調査し、その者を投票人名簿に登録するための整理をしておかなければならない。

第23条（登録）　市町村の選挙管理委員会は、中央選挙管理会が定めるところにより、当該市町村の投票人名簿に登録される資格を有する者を投票人名簿に登録しなければならない。

第24条（縦覧）
① 市町村の選挙管理委員会は、投票人名簿を調製したときは、中央選挙管理会が定める期間、市役所、町村役場又は当該市町村の選挙管理委員会が指定した場所において、前条の規定により投票人名簿に登録した者の氏名、住所及び生年月日を記載した書面を縦覧に供さなければならない。
② 市町村の選挙管理委員会は、縦覧開始の日前3日までに縦覧の場所を告示しなければならない。

第25条（異議の申出）
① 公職選挙法第24条第1項及び第2項の規定は、投票人名簿の登録に関する異議の申出について準用する。
② 行政不服審査法（昭和37年法律第160号）第15条第1項第1号から第4号まで及び第6号並びに第4項、第21条、第25条、第26条、第31条、第36条、第39条並びに第44条の規定は、前項において準用する公職選挙法第24条第1項の異議の申出について準用する。
③ 公職選挙法第214条の規定は、第1項において準用する同法第24条第1項の異議の申出について準用する。

第26条（訴訟）
① 公職選挙法第25条第1項から第3項までの規定は、投票人名簿の登録に関する訴訟について準用する。この場合において、同条第1項中「前条第2項」とあるのは、「日本国憲法の改正手続に関する法律第25条第1項において準用する前条第2項」と読み

替えるものとする。

② 公職選挙法第213条、第214条及び第219条第1項の規定は、前項において準用する同法第25条第1項及び第3項の訴訟について準用する。この場合において、同法第219条第1項中「一の選挙の効力を争う数個の請求、第207条若しくは第208条の規定により一の選挙における当選の効力を争う数個の請求、第210条第2項の規定により公職の候補者であつた者の当選の効力を争う数個の請求、第211条の規定により公職の候補者等であつた者の当選の効力若しくは立候補の資格を争う数個の請求又は選挙の効力を争う請求とその選挙における当選の効力に関し第207条若しくは第208条の規定によりこれを争う請求と」とあるのは、「一の縦覧に係る投票人名簿への登録又は投票人名簿からの抹消に関し争う数個の請求」と読み替えるものとする。

第27条（補正登録）　市町村の選挙管理委員会は、第23条の規定により投票人名簿の登録をした日後国民投票の期日までの間、当該登録の際に投票人名簿に登録される資格を有し、かつ、引き続きその資格を有する者が投票人名簿に登録されていないことを知った場合には、その者を直ちに投票人名簿に登録し、その旨を告示しなければならない。

第28条（表示及び訂正等）

① 市町村の選挙管理委員会は、投票人名簿に登録されている者が第4条の規定により投票権を有しなくなったことを知った場合には、直ちに投票人名簿にその旨の表示をしなければならない。

② 市町村の選挙管理委員会は、投票人名簿に登録されている者の記載内容（第20条第2項の規定により磁気ディスクをもって調製する投票人名簿にあっては、記録内容）に変更があったこと又は誤りがあることを知った場合には、直ちにその記載（同項の規定により磁気ディスクをもって調製する投票人名簿にあっては、記録）の修正又は訂正をしなければならない。

第29条（登録の抹消）　市町村の選挙管理委員会は、当該市町村の投票人名簿に登録されている者について次の場合に該当するに至ったときは、これらの者を直ちに投票人名簿から抹消しなければならない。この場合において、第2号の場合に該当するときは、その旨を告示しなければならない。

1　死亡したこと又は日本の国籍を失ったことを知ったとき。
2　登録の際に登録されるべきでなかったことを知ったとき。

第30条（通報及び調査の請求）　公職選挙法第29条の規定は、投票人名簿に登録される資格の確認に関する通報及び投票人名簿の修正に関する調査の請求について準用する。

第31条（投票人名簿の再調製）　公職選挙法第30条の規定は、投票人名簿の再調製について準用する。

第32条（投票人名簿の保存）　投票人名簿及びその抄本は、第127条の規定による訴訟が裁判所に係属しなくなった日又は国民投票の期日から5年を経過した日のうちいずれか遅い日まで、市町村の選挙管理委員会において保存しなければならない。

第4節　在外投票人名簿

第33条（在外投票人名簿）

① 市町村の選挙管理委員会は、国民投票が行われる場合においては、投票人名簿のほか、在外投票人名簿を調製しなければならない。

② 在外投票人名簿は、政令で定めるところにより、磁気ディスクをもって調製することができる。
③ 国民投票を行う場合において必要があるときは、在外投票人名簿の抄本（前項の規定により磁気ディスクをもって在外投票人名簿を調製している市町村の選挙管理委員会にあっては、当該在外投票人名簿に記録されている全部若しくは一部の事項又は当該事項を記載した書類。第45条において同じ。）を用いることができる。
④ 在外投票人名簿の調製については、行政手続等における情報通信の技術の利用に関する法律第6条の規定は、適用しない。
⑤ 第1項の規定により調製された在外投票人名簿は、当該国民投票に限り、その効力を有する。

第34条（在外投票人名簿の記載事項等）
① 在外投票人名簿には、投票人の氏名、最終住所（投票人が国外へ住所を移す直前に住民票に記載されていた住所をいう。以下同じ。）又は申請の時（第37条第1項第1号に掲げる者にあっては投票人が公職選挙法第30条の5第1項の規定による申請書を同条第2項に規定する領事官又は同項に規定する総務省令・外務省令で定める者に提出した時をいい、第37条第1項第2号に掲げる者にあっては投票人が第36条第1項の規定による申請書を同条第2項に規定する領事官又は同項に規定する総務省令・外務省令で定める者に提出した時をいう。同条第1項及び第3項において同じ。）における本籍、性別及び生年月日等の記載（前条第2項の規定により磁気ディスクをもって調製する在外投票人名簿にあっては、記録）をしなければならない。
② 市町村の選挙管理委員会は、市町村の区域を分けて数投票区を設けた場合には、政令で定めるところにより、在外投票人名簿を編製する投票区（以下「指定在外投票区」という。）を指定しなければならない。
③ 前二項に規定するもののほか、在外投票人名簿の様式その他必要な事項は、政令で定める。

第35条（在外投票人名簿の被登録資格）　在外投票人名簿の登録は、国民投票の期日現在で年齢満18年以上の日本国民（第4条の規定により投票権を有しない者を除く。次条第1項において同じ。）で、次のいずれかに該当するものについて行う。
　1　登録基準日において当該市町村の在外選挙人名簿（公職選挙法第4章の2の在外選挙人名簿をいう。次条第1項及び第4項並びに第37条第1項第1号において同じ。）に登録されている者（登録基準日においていずれかの市町村の住民基本台帳に記録されている者を除く。）
　2　次条第1項の規定により在外投票人名簿の登録の申請をした者（当該申請に基づき在外投票人名簿の登録を行おうとする日においていずれかの市町村の投票人名簿に登録されている者を除く。）

第36条（在外投票人名簿の登録の申請）
① 国民投票の期日現在で年齢満18年以上の日本国民で、国外に住所を有する者（在外選挙人名簿に登録されている者を除く。）は、政令で定めるところにより、文書で、最終住所の所在地の市町村の選挙管理委員会（その者が、いずれの市町村の住民基本台帳にも記録されたことがない者である場合には、申請の時におけるその者の本籍地の市町村の選挙管理委員会）に在外投票人名簿の登録の申請をすることができる。
② 前項の規定による申請は、政令で定めるところにより、第2条第3項又は第135条第

5項の規定により中央選挙管理会が国民投票の期日を告示した日から登録基準日（登録基準日前10日に当たる日から登録基準日までの間に国内の市町村から国外へ転出（住民基本台帳法（昭和42年法律第81号）第24条に規定する転出をいう。）をした者にあっては、登録基準日後7日に当たる日）までの間に、前項の規定による申請書を、在外投票人名簿の登録の申請に関し当該申請をする者の住所を管轄する領事官（領事官の職務を行う大使館若しくは公使館の長又はその事務を代理する者を含む。以下この節において同じ。）（当該領事官を経由して申請を行うことが著しく困難である地域として総務省令・外務省令で定める地域にあっては、総務省令・外務省令で定める者。以下この節において同じ。）に提出し、当該領事官を経由してしなければならない。

③　前項の場合において、領事官は、政令で定めるところにより、第1項の規定による申請書にその申請をした者の在外投票人名簿に登録される資格に関する意見を付して、直ちに、当該申請をした者の最終住所の所在地の市町村の選挙管理委員会（当該申請をした者が、いずれの市町村の住民基本台帳にも記録されたことがない者である場合には、申請の時におけるその者の本籍地の市町村の選挙管理委員会）に送付しなければならない。

④　登録基準日までの間に、公職選挙法第30条の5第1項の規定による申請書を同条第2項に規定する領事官又は同項に規定する総務省令・外務省令で定める者に提出した者（登録基準日において同条第3項第2号に規定する3箇月を経過していない者及び在外選挙人名簿に登録されている者を除く。）については、当該申請を第1項の規定による申請とみなす。

第37条（在外投票人名簿の登録）
①　市町村の選挙管理委員会は、次の各号に掲げる者が当該市町村の在外投票人名簿に登録される資格を有する者である場合には、中央選挙管理会が定めるところにより、当該各号に掲げる者を在外投票人名簿に登録しなければならない。
　1　登録基準日において当該市町村の在外選挙人名簿に登録されている者
　2　前条第1項の規定による申請をした者

②　市町村の選挙管理委員会は、国民投票の期日前15日に当たる日以後においては、前項の規定にかかわらず、登録を行わない。

③　市町村の選挙管理委員会は、第1項第2号に掲げる者について同項の規定による登録をしたときは、前条第3項の規定により同条第1項の規定による申請書を送付した領事官を経由して、同項の規定による申請をした者に、在外投票人名簿に登録されている者であることの証明書（以下「在外投票人証」という。）を交付しなければならない。ただし、同条第4項の規定により公職選挙法第30条の5第1項の規定による申請を前条第1項の規定による申請とみなされた場合は、この限りでない。

④　前項本文の規定により交付された在外投票人証は、当該国民投票に限り、その効力を有する。

第38条（在外投票人名簿に係る縦覧）
①　市町村の選挙管理委員会は、在外投票人名簿を調製したときは、中央選挙管理会が定める期間、市役所、町村役場又は当該市町村の選挙管理委員会が指定した場所において、前条第1項の規定により在外投票人名簿に登録した者の氏名、経由領事官（同項第1号に掲げる者にあっては公職選挙法第30条の7第1項に規定する経由領事官をいい、前条第1項第2号に掲げる者にあっては当該在外投票人名簿に登録した者に係る第

36条第1項の規定による申請書を同条第3項の規定により送付した領事官をいう。以下この項において同じ。）の名称、最終住所及び生年月日（当該在外投票人名簿に登録した者がいずれの市町村の住民基本台帳にも記録されたことがない者である場合には、その者の氏名、経由領事官の名称及び生年月日）を記載した書面を縦覧に供さなければならない。
② 　市町村の選挙管理委員会は、縦覧開始の日前3日までに縦覧の場所を告示しなければならない。

第39条（在外投票人名簿の登録に関する異議の申出）
① 　公職選挙法第24条第1項及び第2項の規定は、在外投票人名簿の登録に関する異議の申出について準用する。
② 　行政不服審査法第15条第1項第1号から第4号まで及び第6号並びに第4項、第21条、第25条、第26条、第31条、第36条、第39条並びに第44条の規定は、前項において準用する公職選挙法第24条第1項の異議の申出について準用する。
③ 　公職選挙法第214条の規定は、第1項において準用する同法第24条第1項の異議の申出について準用する。

第40条（在外投票人名簿の登録に関する訴訟）
① 　公職選挙法第25条第1項から第3項までの規定は、在外投票人名簿の登録に関する訴訟について準用する。この場合において、同条第1項中「前条第2項」とあるのは「日本国憲法の改正手続に関する法律第39条第1項において準用する前条第2項」と、「7日」とあるのは「7日（政令で定める場合には、郵便又は民間事業者による信書の送達に関する法律（平成14年法律第99号）第2条第6項に規定する一般信書便事業者、同条第9項に規定する特定信書便事業者若しくは同法第3条第4号に規定する外国信書便事業者による同法第2条第2項に規定する信書便による送付に要した日数を除く。）」と読み替えるものとする。
② 　公職選挙法第213条、第214条及び第219条第1項の規定は、前項において準用する同法第25条第1項及び第3項の訴訟について準用する。この場合において、同法第219条第1項中「一の選挙の効力を争う数個の請求、第207条若しくは第208条の規定により一の選挙における当選の効力を争う数個の請求、第20条第2項の規定により公職の候補者であつた者の当選の効力を争う数個の請求、第211条の規定により公職の候補者等であつた者の当選の効力若しくは立候補の資格を争う数個の請求又は選挙の効力を争う請求とその選挙における当選の効力に関し第207条若しくは第208条の規定によりこれを争う請求と」とあるのは、「一の縦覧に係る在外投票人名簿への登録又は在外投票人名簿からの抹消に関し争う数個の請求」と読み替えるものとする。

第41条（在外投票人名簿の表示及び訂正等）
① 　市町村の選挙管理委員会は、在外投票人名簿に登録されている者が第4条の規定により投票権を有しなくなったことを知った場合には、直ちに在外投票人名簿にその旨を表示しなければならない。
② 　市町村の選挙管理委員会は、在外投票人名簿に登録されている者の記載内容（第33条第2項の規定により磁気ディスクをもって調製する在外投票人名簿にあっては、記録内容）に変更があったこと又は誤りがあることを知った場合には、直ちにその記載（同項の規定により磁気ディスクをもって調製する在外投票人名簿にあっては、記録）の修正又は訂正をしなければならない。

第42条（在外投票人名簿の登録の抹消）　市町村の選挙管理委員会は、当該市町村の在外投票人名簿に登録されている者について次の場合に該当するに至ったときは、これらの者を直ちに在外投票人名簿から抹消しなければならない。この場合において、第2号に掲げる場合に該当するときは、その旨を告示しなければならない。
　1　死亡したこと又は日本の国籍を失ったことを知ったとき。
　2　登録の際に登録されるべきでなかったことを知ったとき。

第43条（在外投票人名簿の修正等に関する通知等）
① 市町村長は、その市町村に本籍を有する者で他の市町村の在外投票人名簿に登録されているもの（以下この項において「他市町村在外投票人名簿登録者」という。）について戸籍に関する届書、申請書その他の書類を受理し若しくは職権で戸籍の記載をした場合又は戸籍の附票の記載、消除若しくは記載の修正をした場合において、当該他の市町村の選挙管理委員会において在外投票人名簿の修正若しくは訂正をすべきこと又は当該他市町村在外投票人名簿登録者を在外投票人名簿から抹消すべきことを知ったときは、遅滞なく、その旨を当該他の市町村の選挙管理委員会に通知しなければならない。
② 公職選挙法第29条の規定は、在外投票人名簿に登録される資格の確認に関する通報及び在外投票人名簿の修正に関する調査の請求について準用する。

第44条（在外投票人名簿の再調製）　公職選挙法第30条の規定は、在外投票人名簿の再調製について準用する。

第45条（在外投票人名簿の保存）　第32条の規定は、在外投票人名簿及びその抄本の保存について準用する。

第46条（在外投票人名簿の登録に関する政令への委任）　第35条から前条までに規定するもののほか、在外投票人名簿の登録に関し必要な事項は、政令で定める。

第5節　投票及び開票

第47条（一人一票）　投票は、国民投票に係る憲法改正案ごとに、一人一票に限る。

第48条（投票管理者）
① 国民投票ごとに、投票管理者を置く。
② 投票管理者は、国民投票の投票権を有する者の中から市町村の選挙管理委員会の選任した者をもって、これに充てる。
③ 投票管理者は、投票に関する事務を担任する。
④ 投票管理者は、国民投票の投票権を有しなくなったときは、その職を失う。
⑤ 市町村の選挙管理委員会は、市町村の区域を分けて数投票区を設けた場合には、政令で定めるところにより一以上の投票区を指定し、当該指定した投票区の投票管理者に、政令で定めるところにより、当該投票区以外の投票区に属する投票人がした第61条の規定による投票に関する事務のうち政令で定めるものを行わせることができる。

第49条（投票立会人）
① 市町村の選挙管理委員会は、各投票区における投票人名簿に登録された者の中から、本人の承諾を得て、2人以上5人以下の投票立会人を選任し、国民投票の期日前3日までに、本人に通知しなければならない。
② 投票立会人で参会する者が投票所を開くべき時刻になっても2人に達しないとき又はその後2人に達しなくなったときは、投票管理者は、その投票区における投票人名

簿に登録された者の中から2人に達するまでの投票立会人を選任し、直ちにこれを本人に通知し、投票に立ち会わせなければならない。
③ 同一の政党その他の政治団体に属する者は、一の投票区において、2人以上を投票立会人に選任することができない。
④ 投票立会人は、正当な理由がなければ、その職を辞することができない。
第50条（投票所）　投票所は、市役所、町村役場又は市町村の選挙管理委員会の指定した場所に設ける。
第51条（投票所の開閉時間）
① 投票所は、午前7時に開き、午後8時に閉じる。ただし、市町村の選挙管理委員会は、投票人の投票の便宜のため必要があると認められる特別の事情のある場合又は投票人の投票に支障を来さないと認められる特別の事情のある場合に限り、投票所を開く時刻を2時間以内の範囲内において繰り上げ若しくは繰り下げ、又は投票所を閉じる時刻を4時間以内の範囲内において繰り上げることができる。
② 市町村の選挙管理委員会は、前項ただし書の場合においては、直ちにその旨を告示するとともに、これをその投票所の投票管理者に通知し、かつ、直ちにその旨を都道府県の選挙管理委員会に届け出なければならない。
第52条（投票所の告示）
① 市町村の選挙管理委員会は、国民投票の期日から少なくとも5日前に、投票所を告示しなければならない。
② 天災その他避けることのできない事故により前項の規定により告示した投票所を変更したときは、国民投票の当日を除くほか、市町村の選挙管理委員会は、同項の規定にかかわらず、直ちにその旨を告示しなければならない。
第53条（投票人名簿又は在外投票人名簿の登録と投票）
① 投票人名簿又は在外投票人名簿に登録されていない者は、投票をすることができない。ただし、投票人名簿に登録されるべき旨の決定書又は確定判決書を所持し、国民投票の当日投票所に至る者があるときは、投票管理者は、その者に投票をさせなければならない。
② 投票人名簿又は在外投票人名簿に登録された者であっても投票人名簿又は在外投票人名簿に登録されることができない者であるときは、投票をすることができない。
第54条（投票権のない者の投票）　国民投票の当日（第60条の規定による投票にあっては、当該投票の当日）、国民投票の投票権を有しない者は、投票をすることができない。
第55条（投票所においての投票）
① 投票人は、国民投票の当日、自ら投票所に行き、投票をしなければならない。
② 投票人は、投票人名簿又はその抄本（当該投票人名簿が第20条第2項の規定により磁気ディスクをもって調製されている場合には、当該投票人名簿に記録されている全部若しくは一部の事項又は当該事項を記載した書類。第69条及び第70条において同じ。）の対照を経なければ、投票をすることができない。
第56条（投票用紙の交付及び様式）
① 投票用紙は、国民投票の当日、投票所において投票人に交付しなければならない。
② 投票用紙には、賛成の文字及び反対の文字を印刷しなければならない。
③ 投票用紙は、別記様式（第61条第1項、第2項及び第4項並びに第62条の規定による投票の場合にあっては、政令で定める様式）に準じて調製しなければならない。

第57条（投票の記載事項及び投函）
① 投票人は、投票所において、憲法改正案に対し賛成するときは投票用紙に印刷された賛成の文字を囲んで〇の記号を自書し、憲法改正案に対し反対するときは投票用紙に印刷された反対の文字を囲んで〇の記号を自書し、これを投票箱に入れなければならない。
② 投票用紙には、投票人の氏名を記載してはならない。

第58条（点字投票）
① 投票人は、点字による投票を行う場合においては、投票用紙に、憲法改正案に対し賛成するときは賛成と、憲法改正案に対し反対するときは反対と自書するものとする。
② 前項の場合においては、政令で定める点字は文字とみなし、投票用紙の様式その他必要な事項は、政令で定める。

第59条（代理投票）
① 身体の故障又は文盲により、自ら〇の記号を記載することができない投票人は、第57条第1項、第63条第4項及び第5項並びに第82条の規定にかかわらず、投票管理者に申請し、代理投票をさせることができる。
② 前項の規定による申請があった場合においては、投票管理者は、投票立会人の意見を聴いて、当該投票人の投票を補助すべき者2人をその承諾を得て定め、その1人に投票の記載をする場所において投票用紙に当該投票人が指示する賛成の文字又は反対の文字を囲んで〇の記号を記載させ、他の1人をこれに立ち会わせなければならない。
③ 前二項の場合において必要な事項は、政令で定める。

第60条（期日前投票）
① 国民投票の当日に次に掲げる事由のいずれかに該当すると見込まれる投票人の投票については、第55条第1項の規定にかかわらず、国民投票の期日前14日に当たる日から国民投票の期日の前日までの間、期日前投票所において、行わせることができる。
　1　職務若しくは業務又は総務省令で定める用務に従事すること。
　2　用務（前号の総務省令で定めるものを除く。）又は事故のためその属する投票区の区域外に旅行又は滞在をすること。
　3　疾病、負傷、妊娠、老衰若しくは身体の障害のため若しくは産褥にあるため歩行が困難であること又は刑事施設、労役場、監置場、少年院、少年鑑別所若しくは婦人補導院に収容されていること。
　4　交通至難の島その他の地で総務省令で定める地域に居住していること又は当該地域に滞在をすること。
　5　その属する投票区のある市町村の区域外の住所に居住していること。
② 前項の場合においては、次の表の上欄に掲げる規定の適用については、これらの規定中同表の中欄に掲げる字句は、それぞれ同表の下欄に掲げる字句に読み替えるものとし、第48条第5項及び第71条の規定は、適用しない。

第49条第1項	各投票区における投票人名簿に登録された者	国民投票の投票権を有する者
	2人以上5人以下	2人
	3日	15日

第49条第2項	投票所	期日前投票所
	その投票区における投票人名簿に登録された者	国民投票の投票権を有する者
第49条第3項	投票区において、2人以上	期日前投票所において、2人
第53条第1項	国民投票の当日投票所	第60条第1項の規定による投票の日、期日前投票所
第56条第1項	国民投票の当日、投票所	第60条第1項の規定による投票の日、期日前投票所
第57条第1項	投票所	期日前投票所
第64条	第74条	第60条第3項において準用する第74条
	投票所	期日前投票所
	最後	当該投票の日の最後
第67条第1項	投票所	期日前投票所
	閉鎖しなければ	閉鎖しなければならない。ただし、翌日において引き続き当該投票箱に投票用紙を入れさせる場合においては、その日の期日前投票所を開くべき時刻になったときは、投票管理者は、当該投票箱を開かなければ
第67条第2項	できない	できない。ただし、前項ただし書の規定により投票箱を開いた場合は、この限りでない
第69条	投票管理者が同時に開票管理者である場合を除くほか、投票管理者は、1人又は数人の投票立会人とともに、国民投票の当日	投票管理者は、期日前投票所において、当該期日前投票所を設ける期間の末日に
	を開票管理者	（以下この条において「投票箱等」という。）を市町村の選挙管理委員会に送致し、当該投票箱等の送致を受けた市町村の選挙管理委員会は、国民投票の期日に、当該投票箱等を開票管理者

③　第50条から第52条まで及び第72条から第74条までの規定は、期日前投票所につい

て準用する。この場合において、次の表の上欄に掲げる規定中同表の中欄に掲げる字句は、それぞれ同表の下欄に掲げる字句に読み替えるものとする。

第50条	市役所	国民投票の期日前14日に当たる日から国民投票の期日の前日までの間（2以上の期日前投票所を設ける場合にあっては、1の期日前投票所を除き、市町村の選挙管理委員会の指定した期間）、市役所
第51条第1項	午前7時	午前8時30分
	投票人の投票の便宜のため必要があると認められる特別の事情のある場合又は投票人の投票に支障を来さないと認められる特別の事情のある場合に限り、投票所を開く時刻を2時間以内の範囲内において繰り上げ若しくは繰り下げ、又は投票所を閉じる時刻を4時間以内の範囲内において	2以上の期日前投票所を設ける場合にあっては、1の期日前投票所を除き、期日前投票所を開く時刻を繰り下げ、又は期日前投票所の閉じる時刻を
第51条第2項	通知し、かつ、直ちにその旨を都道府県の選挙管理委員会に届け出なければ	通知しなければ
第52条第1項	から少なくとも5日前に、投票所	前14日に当たる日から少なくとも5日前に、期日前投票所の場所（2以上の期日前投票所を設ける場合にあっては、期日前投票所の場所及び当該期日前投票所を設ける期間）
第52条第2項	投票所	期日前投票所
	国民投票の当日を除くほか、市町村	市町村

④　第1項の場合において、投票録の作成の方法その他必要な事項は、政令で定める。

第61条（不在者投票）

①　前条第1項の投票人の投票については、同項の規定によるほか、政令で定めるところにより、第53条第1項ただし書、第55条、第56条第1項、第57条第1項、第59条及び第63条の規定にかかわらず、不在者投票管理者の管理する投票を記載する場所において、投票用紙に投票の記載をし、これを封筒に入れて不在者投票管理者に提出する方法により行わせることができる。

② 投票人で身体に重度の障害があるもの（身体障害者福祉法（昭和24年法律第283号）第4条に規定する身体障害者、戦傷病者特別援護法（昭和38年法律第168号）第2条第1項に規定する戦傷病者又は介護保険法（平成9年法律第123号）第7条第3項に規定する要介護者であるもので、政令で定めるものをいう。）の投票については、前条第1項及び前項の規定によるほか、政令で定めるところにより、第53条第1項ただし書、第55条、第56条第1項、第57条第1項、第59条及び第63条の規定にかかわらず、その現在する場所において投票用紙に投票の記載をし、これを郵便又は民間事業者による信書の送達に関する法律（平成14年法律第99号）第2条第6項に規定する一般信書便事業者、同条第9項に規定する特定信書便事業者若しくは同法第3条第4号に規定する外国信書便事業者による同法第2条第2項に規定する信書便（以下「郵便等」という。）により送付する方法により行わせることができる。

③ 前項の投票人で同項に規定する方法により投票をしようとするもののうち自ら投票の記載をすることができないものとして政令で定めるものは、第82条の規定にかかわらず、政令で定めるところにより、あらかじめ市町村の選挙管理委員会の委員長に届け出た者（国民投票の投票権を有する者に限る。）をして投票に関する記載をさせることができる。

④ 特定国外派遣組織に属する投票人で国外に滞在するもののうち国民投票の当日前条第1項第1号に掲げる事由に該当すると見込まれるものの投票については、同項及び第1項の規定によるほか、政令で定めるところにより、第53条第1項ただし書、第55条、第56条第1項、第57条第1項、第59条及び第63条の規定にかかわらず、国外にある不在者投票管理者の管理する投票を記載する場所において、投票用紙に投票の記載をし、これを封筒に入れて不在者投票管理者に提出する方法により行わせることができる。

⑤ 前項の特定国外派遣組織とは、法律の規定に基づき国外に派遣される組織のうち次の各号のいずれにも該当する組織であって、当該組織において同項に規定する方法による投票が適正に実施されると認められるものとして政令で定めるものをいう。
　1　当該組織の長が当該組織の運営について管理又は調整を行うための法令に基づく権限を有すること。
　2　当該組織が国外の特定の施設又は区域に滞在していること。

⑥ 特定国外派遣組織となる組織を国外に派遣することを定める法律の規定に基づき国外に派遣される投票人（特定国外派遣組織に属するものを除く。）で、現に特定国外派遣組織が滞在する施設又は区域に滞在しているものは、この法律の規定の適用については、当該特定国外派遣組織に属する投票人とみなす。

⑦ 投票人で船舶安全法（昭和8年法律第11号）にいう遠洋区域を航行区域とする船舶その他これに準ずるものとして総務省令で定める船舶に乗って本邦以外の区域を航海する船員（船員法（昭和22年法律第100号）第1条に規定する船員をいう。）であるもののうち国民投票の当日前条第1項第1号に掲げる事由に該当すると見込まれるものの投票については、同項及び第1項の規定によるほか、政令で定めるところにより、第53条第1項ただし書、第55条、第56条、第57条第1項、第59条及び第63条の規定にかかわらず、不在者投票管理者の管理する場所において、総務省令で定める投票送信用紙に投票の記載をし、これを総務省令で指定する市町村の選挙管理委員会の委員長にファクシミリ装置を用いて送信する方法により、行わせることができる。

⑧　国が行う南極地域における科学的調査の業務を行う組織（以下この項において「南極地域調査組織」という。）に属する投票人（南極地域調査組織に同行する投票人で当該南極地域調査組織の長の管理の下に南極地域における活動を行うものを含む。）で次の各号に掲げる施設又は船舶に滞在するもののうち国民投票の当日前条第1項第1号に掲げる事由に該当すると見込まれるものの投票については、同項及び第1項の規定によるほか、政令で定めるところにより、第53条第1項ただし書、第55条、第56条、第57条第1項、第59条及び第63条の規定にかかわらず、その滞在する次の各号に掲げる施設又は船舶の区分に応じ、それぞれ当該各号に定める場所において、総務省令で定める投票送信用紙に投票の記載をし、これを総務省令で指定する市町村の選挙管理委員会の委員長にファクシミリ装置を用いて送信する方法により、行わせることができる。

　1　南極地域にある当該科学的調査の業務の用に供される施設で国が設置するもの不在者投票管理者の管理する場所
　2　本邦と前号に掲げる施設との間において南極地域調査組織を輸送する船舶で前項の総務省令で定めるものこの項に規定する方法による投票を行うことについて不在者投票管理者が当該船舶の船長の許可を得た場所

第62条（在外投票等）

①　在外投票人名簿に登録されている投票人の投票については、第60条第1項及び前条第1項の規定によるほか、政令で定めるところにより、第55条、第56条第1項、第57条第1項、第59条及び次条の規定にかかわらず、次に掲げるいずれかの方法により行わせることができる。

　1　国民投票の期日前14日に当たる日から国民投票の期日前6日に当たる日（投票の送致に日数を要する地の在外公館であることその他特別の事情があると認められる場合には、あらかじめ総務大臣が外務大臣と協議して指定する日）までの間（あらかじめ総務大臣が外務大臣と協議して指定する日を除く。）に、自ら在外公館の長（総務大臣が外務大臣と協議して指定する在外公館の長を除く。以下この号において同じ。）の管理する投票を記載する場所に行き、在外投票人証又は在外選挙人証（公職選挙法第30条の6第3項に規定する在外選挙人証をいう。以下同じ。）及び旅券その他の政令で定める文書を提示して、投票用紙に投票の記載をし、これを封筒に入れて在外公館の長に提出する方法
　2　当該投票人の現在する場所において投票用紙に投票の記載をし、これを郵便等により送付する方法

②　在外投票人名簿に登録されている投票人の国内における投票については、第53条第1項ただし書中「投票人名簿」とあるのは「在外投票人名簿」と、「投票所」とあるのは「指定在外投票区の投票所」と、第55条第1項中「投票所」とあるのは「指定在外投票区の投票所」と、同条第2項中「、投票人名簿」とあるのは「、在外投票人証又は在外選挙人証を提示して、在外投票人名簿」と、「当該投票人名簿」とあるのは「当該在外投票人名簿」と、「第20条第2項」とあるのは「第33条第2項」と、「書類。第69条及び第70条において同じ。」とあるのは「書類」と、第60条第1項中「期日前投票所」とあるのは「市町村の選挙管理委員会の指定した期日前投票所」と、「投票区」とあるのは「指定在外投票区」と、同条第2項の表第53条第1項の項中「第53条第1項」とあるのは「第62条第2項の規定により読み替えて適用される第53条第1項」と、

「国民投票の当日投票所」とあるのは「国民投票の当日指定在外投票区の投票所」と、「期日前投票所」とあるのは「市町村の選挙管理委員会の指定した期日前投票所」とする。

③ 在外投票人名簿に登録されている投票人の投票については、前条第2項から第8項までの規定は、適用しない。

第63条（投票人の確認及び投票の拒否）
① 投票管理者は、投票をしようとする投票人が本人であるかどうかを確認することができないときは、その本人である旨を宣言させなければならない。その宣言をしない者は、投票をすることができない。
② 投票の拒否は、投票立会人の意見を聴き、投票管理者が決定しなければならない。
③ 前項の決定を受けた投票人において不服があるときは、投票管理者は、仮に投票をさせなければならない。
④ 前項の投票は、投票人をしてこれを封筒に入れて封をし、表面に自らその氏名を記載して投票箱に入れさせなければならない。
⑤ 投票立会人において異議のある投票人についても、また前二項と同様とする。

第64条（退出させられた者の投票） 第74条の規定により投票所外に退出させられた者は、最後になって投票をすることができる。ただし、投票管理者は、投票所の秩序を乱すおそれがないと認める場合においては、投票をさせることを妨げない。

第65条（投票記載所における憲法改正案等の掲示）
① 市町村の選挙管理委員会は、国民投票の当日、投票所内の投票の記載をする場所その他適当な箇所に憲法改正案及びその要旨の掲示をしなければならない。ただし、憲法改正案及びその要旨の掲示が著しく困難である場合においては、当該投票所における国民投票公報の備付けをもって当該掲示に代えることができる。
② 市町村の選挙管理委員会は、国民投票の期日前14日に当たる日から国民投票の期日の前日までの間、期日前投票所及び不在者投票管理者のうち政令で定めるものの管理する投票を記載する場所内の適当な箇所に、憲法改正案及びその要旨の掲示をしなければならない。ただし、憲法改正案及びその要旨の掲示が著しく困難である場合においては、当該期日前投票所又は投票を記載する場所における国民投票公報の備付けをもって当該掲示に代えることができる。
③ 国民投票広報協議会は、前二項の憲法改正案の要旨を作成したときは、速やかに、これを中央選挙管理会に送付しなければならない。
④ 中央選挙管理会は、前項の送付があったときは、速やかに、これを都道府県の選挙管理委員会を経由して、市町村の選挙管理委員会に送付しなければならない。
⑤ 前各項に定めるもののほか、第1項又は第2項の掲示に関し必要な事項は、都道府県の選挙管理委員会が定める。

第66条（投票の秘密保持） 何人も、投票人のした投票の内容を陳述する義務はない。

第67条（投票箱の閉鎖）
① 投票所を閉じるべき時刻になったときは、投票管理者は、その旨を告げて、投票所の入口を閉鎖し、投票所にある投票人の投票の結了するのを待って、投票箱を閉鎖しなければならない。
② 何人も、投票箱の閉鎖後は、投票をすることができない。

第68条（投票録の作成） 投票管理者は、投票録を作り、投票に関する次第を記載し、

投票立会人とともに、これに署名しなければならない。

第69条（投票箱等の送致）　投票管理者が同時に開票管理者である場合を除くほか、投票管理者は、1人又は数人の投票立会人とともに、国民投票の当日、その投票箱、投票録、投票人名簿又はその抄本及び在外投票人名簿又はその抄本（当該在外投票人名簿が第33条第2項の規定により磁気ディスクをもって調製されている場合には、当該在外投票人名簿に記録されている全部若しくは一部の事項又は当該事項を記載した書類。次条において同じ。）を開票管理者に送致しなければならない。

第70条（繰上投票）　島その他交通不便の地について、国民投票の期日に投票箱を送致することができない状況があると認めるときは、都道府県の選挙管理委員会は、適宜にその投票の期日を定め、開票の期日までにその投票箱、投票録、投票人名簿又はその抄本及び在外投票人名簿又はその抄本を送致させることができる。

第71条（繰延投票）
① 天災その他避けることのできない事故により投票を行うことができないとき又は更に投票を行う必要があるときは、都道府県の選挙管理委員会は、更に期日を定めて投票を行わせなければならない。ただし、その期日は、都道府県の選挙管理委員会において、少なくとも5日前に告示しなければならない。
② 前項に規定する事由を生じた場合においては、市町村の選挙管理委員会は、国民投票分会長を経て都道府県の選挙管理委員会にその旨を届け出なければならない。

第72条（投票所に出入し得る者）　投票人、投票所の事務に従事する者、投票所を監視する職権を有する者又は当該警察官でなければ、投票所に入ることができない。ただし、投票人の同伴する幼児その他の投票人とともに投票所に入ることについてやむを得ない事情がある者として投票管理者が認めたものについては、この限りでない。

第73条（投票所の秩序保持のための処分の請求）　投票管理者は、投票所の秩序を保持し、必要があると認めるときは、当該警察官の処分を請求することができる。

第74条（投票所における秩序保持）　投票所において演説討論をし、若しくは喧騒にわたり、又は投票に関し協議若しくは勧誘をし、その他投票所の秩序を乱す者があるときは、投票管理者は、これを制止し、命に従わないときは投票所外に退出させることができる。

第75条（開票管理者）
① 国民投票ごとに、開票管理者を置く。
② 開票管理者は、国民投票の投票権を有する者の中から市町村の選挙管理委員会の選任した者をもって、これに充てる。
けん
③ 開票管理者は、開票に関する事務を担任する。
④ 開票管理者は、国民投票の投票権を有しなくなったときは、その職を失う。

第76条（開票立会人）
① 政党等（第106条第2項に規定する政党等をいう。第4項において同じ。）は、各開票区における投票人名簿に登録された者の中から、本人の承諾を得て、開票立会人となるべき者1人を定め、国民投票の期日前3日までに、市町村の選挙管理委員会に届け出ることができる。
② 前項の規定により届出のあった者が、10人を超えないときは直ちにその者をもって開票立会人とし、10人を超えるときは届出のあった者の中から市町村の選挙管理委員

会がくじで定めた者10人をもって開票立会人としなければならない。
③　前項の規定によるくじを行うべき場所及び日時は、市町村の選挙管理委員会において、あらかじめ告示しなければならない。
④　第2項の規定による開票立会人が3人に達しないとき又は国民投票の期日の前日までに3人に達しなくなったときは市町村の選挙管理委員会において、開票立会人が国民投票の期日以後に3人に達しなくなったとき又は開票立会人で参会する者が開票所を開くべき時刻になっても3人に達しないとき若しくはその後3人に達しなくなったときは開票管理者において、その開票区における投票人名簿に登録された者の中から3人に達するまでの開票立会人を選任し、直ちにこれを本人に通知し、開票に立ち会わせなければならない。ただし、同項の規定による開票立会人を届け出た政党等又は市町村の選挙管理委員会若しくは開票管理者の選任した開票立会人の属する政党等と同一の政党等に属する者を当該政党等の届出に係る開票立会人又は市町村の選挙管理委員会若しくは開票管理者の選任に係る開票立会人と通じて3人以上選任することができない。
⑤　開票立会人は、正当な理由がなければ、その職を辞することができない。

第77条（開票所の設置）　開票所は、市役所、町村役場又は市町村の選挙管理委員会の指定した場所に設ける。

第78条（開票の場所及び日時の告示）　市町村の選挙管理委員会は、あらかじめ開票の場所及び日時を告示しなければならない。

第79条（開票日）　開票は、すべての投票箱の送致を受けた日又はその翌日に行う。

第80条（開票）
①　開票管理者は、開票立会人立会いの上、投票箱を開き、まず第63条第3項及び第5項の規定による投票を調査し、開票立会人の意見を聴き、その投票を受理するかどうかを決定しなければならない。
②　開票管理者は、開票立会人とともに、各投票所及び期日前投票所の投票を開票区ごとに混同して、投票を点検しなければならない。
③　開票管理者は、投票の点検を終わったときは、直ちにその結果を国民投票分会長に報告しなければならない。

第81条（開票の場合の投票の効力の決定）　投票の効力は、開票立会人の意見を聴き、開票管理者が決定しなければならない。その決定に当たっては、次条第2号の規定にかかわらず、投票用紙に印刷された反対の文字を×の記号、二重線その他の記号を記載することにより抹消した投票は賛成の投票として、投票用紙に印刷された賛成の文字を×の記号、二重線その他の記号を記載することにより抹消した投票は反対の投票として、それぞれ有効とするほか、次条の規定に反しない限りにおいて、その投票した投票人の意思が明白であれば、その投票を有効とするようにしなければならない。

第82条（無効投票）　次のいずれかに該当する投票は、無効とする。
　1　所定の用紙を用いないもの
　2　○の記号以外の事項を記載したもの
　3　○の記号を自書しないもの
　4　賛成の文字を囲んだ○の記号及び反対の文字を囲んだ○の記号をともに記載したもの
　5　賛成の文字又は反対の文字のいずれを囲んで○の記号を記載したかを確認し難い

もの

第83条（開票の参観）　投票人は、その開票所につき、開票の参観を求めることができる。

第84条（開票録の作成）　開票管理者は、開票録を作り、開票に関する次第を記載し、開票立会人とともに、これに署名しなければならない。

第85条（投票、投票録及び開票録の保存）　投票は、有効無効を区別し、投票録及び開票録と併せて、市町村の選挙管理委員会において、第127条の規定による訴訟が裁判所に係属しなくなった日又は国民投票の期日から5年を経過した日のうちいずれか遅い日まで、保存しなければならない。

第86条（一部無効による再投票の開票）　憲法改正案に係る国民投票の一部が無効となり再投票を行った場合の開票においては、その投票の効力を決定しなければならない。

第87条（繰延開票）　第71条第1項本文及び第2項の規定は、開票について準用する。

第88条（開票所の取締り）　第72条本文、第73条及び第74条の規定は、開票所の取締りについて準用する。

第6節　国民投票分会及び国民投票会

第89条（国民投票分会長）
① 国民投票に際し、都道府県ごとに、国民投票分会長を置く。
② 国民投票分会長は、国民投票の投票権を有する者の中から都道府県の選挙管理委員会の選任した者をもって、これに充てる。
③ 国民投票分会長は、国民投票分会に関する事務を担任する。
④ 国民投票分会長は、国民投票の投票権を有しなくなったときは、その職を失う。

第90条（国民投票分会立会人）　第76条の規定は、国民投票分会立会人について準用する。この場合において、同条第1項中「各開票区における投票人名簿に登録された者」とあるのは「国民投票の投票権を有する者」と、「市町村の選挙管理委員会」とあるのは「国民投票分会長」と、同条第2項及び第3項中「市町村の選挙管理委員会」とあるのは「国民投票分会長」と、同条第4項中「又は国民投票の期日の前日までに3人に達しなくなったときは市町村の選挙管理委員会において、開票立会人が国民投票の期日以後に3人に達しなくなったとき」とあるのは「、国民投票分会の期日までに3人に達しなくなったとき」と、「開票所」とあるのは「国民投票分会」と、「開票管理者」とあるのは「、国民投票分会長」と、「その開票区における投票人名簿に登録された者」とあるのは「国民投票の投票権を有する者」と、「開票に」とあるのは「国民投票分会に」と、「市町村の選挙管理委員会若しくは開票管理者」とあるのは「国民投票分会長」と読み替えるものとする。

第91条（国民投票分会の開催）
① 国民投票分会は、都道府県庁又は都道府県の選挙管理委員会の指定した場所で開く。
② 都道府県の選挙管理委員会は、あらかじめ国民投票分会の場所及び日時を告示しなければならない。
③ 国民投票分会長は、都道府県の区域内におけるすべての開票管理者から第80条第3項の規定による報告を受けた日又はその翌日に国民投票分会を開き、国民投票分会立会人立会いの上、その報告を調査しなければならない。
④ 国民投票分会長は、憲法改正案に係る国民投票の一部が無効となり再投票を行った

場合において第80条第3項の規定による報告を受けたときは、前項の規定の例により、他の部分の報告とともに、更にこれを調査しなければならない。

第92条（国民投票分会録の作成及び国民投票分会録その他関係書類の保存）
① 国民投票分会長は、国民投票分会録を作り、国民投票分会に関する次第を記載し、国民投票分会立会人とともに、これに署名しなければならない。
② 国民投票分会録は、第80条第3項の規定による報告に関する書類と併せて、都道府県の選挙管理委員会において、第127条の規定による訴訟が裁判所に係属しなくなった日又は国民投票の期日から5年を経過した日のうちいずれか遅い日まで、保存しなければならない。

第93条（国民投票分会の結果の報告）　国民投票分会長は、第91条第3項及び第4項の規定による調査を終わったときは、国民投票分会録の写しを添えて、直ちにその結果を国民投票長に報告しなければならない。

第94条（国民投票長）
① 国民投票に際し、国民投票長を置く。
② 国民投票長は、国民投票の投票権を有する者の中から中央選挙管理会の選任した者をもって、これに充てる。
③ 国民投票長は、国民投票会に関する事務を担任する。
④ 国民投票長は、国民投票の投票権を有しなくなったときは、その職を失う。

第95条（国民投票会立会人）　第76条の規定は、国民投票会立会人について準用する。この場合において、同条第1項中「各開票区における投票人名簿に登録された者」とあるのは「国民投票の投票権を有する者」と、「市町村の選挙管理委員会」とあるのは「国民投票長」と、同条第2項及び第3項中「市町村の選挙管理委員会」とあるのは「国民投票長」と、同条第4項中「又は国民投票の期日の前日までに3人に達しなくなったときは市町村の選挙管理委員会において、開票立会人が国民投票の期日以後に3人に達しなくなったとき」とあるのは「、国民投票会の期日までに3人に達しなくなったとき」と、「開票所」とあるのは「国民投票会」と、「開票管理者」とあるのは「、国民投票長」と、「その開票区における投票人名簿に登録された者」とあるのは「国民投票の投票権を有する者」と、「開票に」とあるのは「国民投票会に」と、「市町村の選挙管理委員会若しくは開票管理者」とあるのは「国民投票長」と読み替えるものとする。

第96条（国民投票会の開催）
① 国民投票会は、中央選挙管理会の指定した場所で開く。
② 中央選挙管理会は、あらかじめ国民投票会の場所及び日時を告示しなければならない。
③ 国民投票長は、すべての国民投票分会長から第93条の規定による報告を受けた日又はその翌日に国民投票会を開き、国民投票会立会人立会いの上、その報告を調査しなければならない。
④ 国民投票長は、憲法改正案に係る国民投票の一部が無効となり再投票を行った場合において第93条の規定による報告を受けたときは、前項の規定の例により、他の部分の報告とともに、更にこれを調査しなければならない。

第97条（国民投票録の作成及び国民投票録その他関係書類の保存）
① 国民投票長は、国民投票録を作り、国民投票会に関する次第を記載し、国民投票会

立会人とともに、これに署名しなければならない。
② 国民投票録は、第93条の規定による報告に関する書類と併せて、中央選挙管理会において、第127条の規定による訴訟が裁判所に係属しなくなった日又は国民投票の期日から5年を経過した日のうちいずれか遅い日まで、保存しなければならない。

第98条（国民投票の結果の報告及び告示等）
① 国民投票長は、第96条第3項及び第4項の規定による調査を終わったときは、国民投票録の写しを添えて、直ちにその結果を中央選挙管理会に報告しなければならない。
② 中央選挙管理会は、前項又は第135条第6項後段の報告を受けたときは、直ちに憲法改正案に対する賛成の投票の数及び反対の投票の数、投票総数（憲法改正案に対する賛成の投票の数及び反対の投票の数を合計した数をいう。）並びに憲法改正案に対する賛成の投票の数が当該投票総数の2分の1を超える旨又は超えない旨を官報で告示するとともに、総務大臣を通じ内閣総理大臣に通知しなければならない。
③ 内閣総理大臣は、前項の通知を受けたときは、直ちに同項に規定する事項を衆議院議長及び参議院議長に通知しなければならない。

第99条（準用） 第71条第1項本文、第72条本文、第73条及び第74条並びに公職選挙法第82条の規定は、国民投票分会及び国民投票会について準用する。この場合において、第71条第1項本文中「都道府県の選挙管理委員会は」とあるのは、「国民投票分会に関しては都道府県の選挙管理委員会は、国民投票会に関しては中央選挙管理会は」と読み替えるものとする。

第7節　国民投票運動

第100条（適用上の注意） この節及び次節の規定の適用に当たっては、表現の自由、学問の自由及び政治活動の自由その他の日本国憲法の保障する国民の自由と権利を不当に侵害しないように留意しなければならない。

第101条（投票事務関係者の国民投票運動の禁止）
① 投票管理者、開票管理者、国民投票分会長及び国民投票長は、在職中、その関係区域内において、憲法改正案に対し賛成又は反対の投票をし又はしないよう勧誘する行為（以下「国民投票運動」という。）をすることができない。
② 第61条の規定による投票に関し、不在者投票管理者は、その者の業務上の地位を利用して国民投票運動をすることができない。

第102条（中央選挙管理会の委員等の国民投票運動の禁止） 中央選挙管理会の委員及び中央選挙管理会の庶務に従事する総務省の職員並びに選挙管理委員会の委員及び職員並びに国民投票広報協議会事務局の職員は、在職中、国民投票運動をすることができない。

第103条（公務員等及び教育者の地位利用による国民投票運動の禁止）
① 国若しくは地方公共団体の公務員若しくは特定独立行政法人（独立行政法人通則法（平成11年法律第103号）第2条第2項に規定する特定独立行政法人をいう。第111条において同じ。）若しくは特定地方独立行政法人（地方独立行政法人法（平成15年法律第118号）第2条第2項に規定する特定地方独立行政法人をいう。第111条において同じ。）の役員若しくは職員又は公職選挙法第136条の2第1項第2号に規定する公庫の役職員は、その地位にあるために特に国民投票運動を効果的に行い得る影響力又は便益を利用して、国民投票運動をすることができない。

② 教育者（学校教育法（昭和22年法律第26号）に規定する学校の長及び教員をいう。）は、学校の児童、生徒及び学生に対する教育上の地位にあるために特に国民投票運動を効果的に行い得る影響力又は便益を利用して、国民投票運動をすることができない。

第104条（国民投票に関する放送についての留意） 一般放送事業者（放送法（昭和25年法律第132号）第2条第3号の3に規定する一般放送事業者をいう。第106条において同じ。）、有線テレビジョン放送事業者（有線テレビジョン放送法（昭和47年法律第114号）第2条第4項の有線テレビジョン放送事業者をいう。）、有線ラジオ放送（有線ラジオ放送業務の運用の規正に関する法律（昭和26年法律第135号）第2条の有線ラジオ放送をいう。）の業務を行う者又は電気通信役務利用放送（電気通信役務利用放送法（平成13年法律第85号）第2条第1項の電気通信役務利用放送をいう。）の業務を行う者（次条において「一般放送事業者等」という。）は、国民投票に関する放送については、放送法第3条の2第1項の規定の趣旨に留意するものとする。

第105条（投票日前の国民投票運動のための広告放送の制限） 何人も、国民投票の期日前14日に当たる日から国民投票の期日までの間においては、次条の規定による場合を除くほか、一般放送事業者等の放送設備を使用して、国民投票運動のための広告放送をし、又はさせることができない。

第106条（国民投票広報協議会及び政党等による放送）
① 国民投票広報協議会は、両議院の議長が協議して定めるところにより、日本放送協会及び一般放送事業者のラジオ放送又はテレビジョン放送（放送法第2条第2号の3に規定する中波放送又は同条第2号の5に規定するテレビジョン放送をいう。）の放送設備により、憲法改正案の広報のための放送をするものとする。
② 前項の放送は、国民投票広報協議会が行う憲法改正案及びその要旨その他参考となるべき事項の広報並びに憲法改正案に対する賛成の政党等（1人以上の衆議院議員又は参議院議員が所属する政党その他の政治団体であって両議院の議長が協議して定めるところにより国民投票広報協議会に届け出たものをいう。以下この条及び次条において同じ。）及び反対の政党等が行う意見の広告からなるものとする。
③ 第1項の放送において、国民投票広報協議会は、憲法改正案及びその要旨その他参考となるべき事項の広報を客観的かつ中立的に行うものとする。
④ 第1項の放送において、政党等は、両議院の議長が協議して定めるところにより、憲法改正案に対する賛成又は反対の意見を無料で放送することができる。この場合において、日本放送協会及び一般放送事業者は、政党等が録音し、又は録画した意見をそのまま放送しなければならない。
⑤ 政党等は、両議院の議長が協議して定めるところにより、両議院の議長が協議して定める額の範囲内で、前項の意見の放送のための録音又は録画を無料ですることができる。
⑥ 第1項の放送に関しては、憲法改正案に対する賛成の政党等及び反対の政党等の双方に対して同一の時間数及び同等の時間帯を与える等同等の利便を提供しなければならない。
⑦ 第1項の放送において意見の放送をすることができる政党等は、両議院の議長が協議して定めるところにより、当該放送の一部を、その指名する団体に行わせることができる。
⑧ 第1項の放送の回数及び日時は、国民投票広報協議会が日本放送協会及び当該放送

を行う一般放送事業者と協議の上、定める。

第107条（国民投票広報協議会及び政党等による新聞広告）
① 国民投票広報協議会は、両議院の議長が協議して定めるところにより、新聞に、憲法改正案の広報のための広告をするものとする。
② 前項の広告は、国民投票広報協議会が行う憲法改正案及びその要旨その他参考となるべき事項の広報並びに憲法改正案に対する賛成の政党等及び反対の政党等が行う意見の広告からなるものとする。
③ 第1項の広告において、国民投票広報協議会は、憲法改正案及びその要旨その他参考となるべき事項の広報を客観的かつ中立的に行うものとする。
④ 第1項の広告において、政党等は、両議院の議長が協議して定めるところにより、無料で、憲法改正案に対する賛成又は反対の意見の広告をすることができる。
⑤ 第1項の広告に関しては、憲法改正案に対する賛成の政党等及び反対の政党等の双方に対して同一の寸法及び回数を与える等同等の利便を提供しなければならない。
⑥ 第1項の広告において意見の広告をすることができる政党等は、両議院の議長が協議して定めるところにより、当該広告の一部を、その指名する団体に行わせることができる。

第108条（公職選挙法による政治活動の規制との調整）　公職選挙法第211条の5から第211条の9までの規定は、これらの条に掲げる選挙が行われる場合において、政党その他の政治活動を行う団体が、国民投票運動を行うことを妨げるものではない。

第8節　罰則

第109条（組織的多数人買収及び利害誘導罪）　国民投票に関し、次に掲げる行為をした者は、3年以下の懲役若しくは禁錮又は50万円以下の罰金に処する。
1　組織により、多数の投票人に対し、憲法改正案に対する賛成又は反対の投票をし又はしないようその旨を明示して勧誘して、その投票をし又はしないことの報酬として、金銭若しくは憲法改正案に対する賛成若しくは反対の投票をし若しくはしないことに影響を与えるに足りる物品その他の財産上の利益（多数の者に対する意見の表明の手段として通常用いられないものに限る。）若しくは公私の職務の供与をし、若しくはその供与の申込み若しくは約束をし、又は憲法改正案に対する賛成若しくは反対の投票をし若しくはしないことに影響を与えるに足りる供応接待をし、若しくはその申込み若しくは約束をしたとき。
2　組織により、多数の投票人に対し、憲法改正案に対する賛成又は反対の投票をし又はしないようその旨を明示して勧誘して、その投票をし又はしないことの報酬として、その者又はその者と関係のある社寺、学校、会社、組合、市町村等に対する用水、小作、債権、寄附その他特殊の直接利害関係を利用して憲法改正案に対する賛成又は反対の投票をし又はしないことに影響を与えるに足りる誘導をしたとき。
3　前二号に掲げる行為をさせる目的をもって国民投票運動をする者に対し金銭若しくは物品の交付をし、若しくはその交付の申込み若しくは約束をし、又は国民投票運動をする者がその交付を受け、その交付を要求し若しくはその申込みを承諾したとき。

第110条（組織的多数人買収及び利害誘導罪の場合の没収）　前条の場合において収受し、又は交付を受けた利益は、没収する。その全部又は一部を没収することができないと

きは、その価額を追徴する。

第111条（職権濫用による国民投票の自由妨害罪）
① 国民投票に関し、国若しくは地方公共団体の公務員、特定独立行政法人若しくは特定地方独立行政法人の役員若しくは職員、中央選挙管理会の委員若しくは中央選挙管理会の庶務に従事する総務省の職員、選挙管理委員会の委員若しくは職員、国民投票広報協議会事務局の職員、投票管理者、開票管理者又は国民投票分会長若しくは国民投票長が故意にその職務の執行を怠り、又は正当な理由がなくて国民投票運動をする者に追随し、その居宅に立ち入る等その職権を濫用して国民投票の自由を妨害したときは、4年以下の禁錮に処する。
② 国若しくは地方公共団体の公務員、特定独立行政法人若しくは特定地方独立行政法人の役員若しくは職員、中央選挙管理会の委員若しくは中央選挙管理会の庶務に従事する総務省の職員、選挙管理委員会の委員若しくは職員、国民投票広報協議会事務局の職員、投票管理者、開票管理者又は国民投票分会長若しくは国民投票長が、投票人に対し、その投票しようとし、又は投票した内容の表示を求めたときは、6月以下の禁錮又は30万円以下の罰金に処する。

第112条（投票の秘密侵害罪）
中央選挙管理会の委員若しくは中央選挙管理会の庶務に従事する総務省の職員、選挙管理委員会の委員若しくは職員、投票管理者、開票管理者、国民投票分会長若しくは国民投票長、国民投票事務に関係のある国若しくは地方公共団体の公務員、立会人（第59条第2項の規定により投票を補助すべき者及び第61条第3項の規定により投票に関する記載をすべき者を含む。以下同じ。）又は監視者（投票所（第60条第1項に規定する期日前投票所を含む。以下この節において同じ。）、開票所、国民投票分会場又は国民投票会場を監視する職権を有する者をいう。以下同じ。）が投票人の投票した内容を表示したときは、2年以下の禁錮又は30万円以下の罰金に処する。その表示した事実が虚偽であるときも、また同様とする。

第113条（投票干渉罪）
① 投票所又は開票所において、正当な理由がなくて、投票人の投票に干渉し、又は投票の内容を認知する方法を行った者は、1年以下の禁錮又は30万円以下の罰金に処する。
② 法令の規定によらないで、投票箱を開き、又は投票箱の投票を取り出した者は、3年以下の懲役若しくは禁錮又は50万円以下の罰金に処する。

第114条（投票事務関係者、施設等に対する暴行罪、騒擾罪等）
投票管理者、開票管理者、国民投票分会長、国民投票長、立会人若しくは監視者に暴行若しくは脅迫を加え、投票所、開票所、国民投票分会場若しくは国民投票会場を騒擾し、又は投票、投票箱その他関係書類（関係の電磁的記録媒体（電子的方式、磁気的方式その他人の知覚によっては認識することができない方式で作られる記録であって電子計算機による情報処理の用に供されるものに係る記録媒体をいう。）を含む。）を抑留し、損ない、若しくは奪取した者は、4年以下の懲役又は禁錮に処する。

第115条（多衆の国民投票妨害罪）
① 多衆集合して前条の罪を犯した者は、次の区別に従って処断する。
　1　首謀者は、1年以上7年以下の懲役又は禁錮に処する。
　2　他人を指揮し、又は他人に率先して勢いを助けた者は、6月以上5年以下の懲役又は禁錮に処する。

3 付和随行した者は、20万円以下の罰金又は科料に処する。
② 前項の罪を犯すため多衆集合し当該公務員から解散の命令を受けることが3回以上に及んでもなお解散しないときは、首謀者は、2年以下の禁錮に処し、その他の者は、20万円以下の罰金又は科料に処する。

第116条（投票所、開票所、国民投票分会場又は国民投票会場における凶器携帯罪）　銃砲、刀剣、こん棒その他人を殺傷するに足るべき物件を携帯して投票所、開票所、国民投票分会場又は国民投票会場に入った者は、3年以下の禁錮又は50万円以下の罰金に処する。

第117条（携帯凶器の没収）　前条の罪を犯した場合においては、その携帯した物件を没収する。

第118条（詐偽登録、虚偽宣言罪等）
① 詐偽の方法をもって投票人名簿又は在外投票人名簿に登録をさせた者は、6月以下の禁錮又は30万円以下の罰金に処する。
② 投票人名簿に登録をさせる目的をもって住民基本台帳法第22条の規定による届出に関し虚偽の届出をすることによって投票人名簿に登録をさせた者も、前項と同様とする。
③ 在外投票人名簿に登録させる目的をもって公職選挙法第30条の5第1項の規定による申請に関し虚偽の申請をすることによって在外投票人名簿に登録をさせた者も、第1項と同様とする。
④ 第63条第1項の場合において虚偽の宣言をした者は、20万円以下の罰金に処する。

第119条（詐偽投票及び投票偽造、増減罪）
① 投票人でない者が投票をしたときは、1年以下の禁錮又は30万円以下の罰金に処する。
② 氏名を詐称し、その他詐偽の方法をもって投票し、又は投票しようとした者は、2年以下の禁錮又は30万円以下の罰金に処する。
③ 投票を偽造し、又はその数を増減した者は、3年以下の懲役若しくは禁錮又は50万円以下の罰金に処する。
④ 中央選挙管理会の委員若しくは中央選挙管理会の庶務に従事する総務省の職員、選挙管理委員会の委員若しくは職員、国民投票広報協議会事務局の職員、投票管理者、開票管理者、国民投票分会長若しくは国民投票長、国民投票事務に関係のある国若しくは地方公共団体の公務員、立会人又は監視者が前項の罪を犯したときは、5年以下の懲役若しくは禁錮又は50万円以下の罰金に処する。

第120条（代理投票等における記載義務違反）
① 第59条第2項の規定により賛成の文字又は反対の文字を囲んで○の記号を記載すべきものと定められた者が投票人の指示する賛成の文字又は反対の文字を囲んで○の記号を記載しなかったときは、2年以下の禁錮又は30万円以下の罰金に処する。
② 第61条第3項の規定により投票に関する記載をすべき者が投票人の指示する賛成の文字又は反対の文字を囲んで○の記号を記載しなかったときは、2年以下の禁錮又は30万円以下の罰金に処する。
③ 前項に規定するもののほか、第61条第3項の規定により投票に関する記載をすべき者が、投票を無効とする目的をもって、投票に関する記載をせず、又は虚偽の記載をしたときも、前項と同様とする。

第121条（立会人の義務を怠る罪）　立会人が、正当な理由がなくてこの法律に規定する義務を欠くときは、20万円以下の罰金に処する。

第122条（国民投票運動の規制違反）　第101条又は第102条の規定に違反して国民投票運動をした者は、6月以下の禁錮又は30万円以下の罰金に処する。

第123条（不在者投票の場合の罰則の適用）

① 　第61条第1項の規定による投票については、その投票を管理すべき者は投票管理者と、その投票を記載すべき場所は投票所と、その投票に立ち会うべき者は投票立会人と、投票人が指示する賛成の文字又は反対の文字を囲んで○の記号を記載すべきものと定められた者は第59条第2項の規定により賛成の文字又は反対の文字を囲んで○の記号を記載すべきものと定められた者とみなして、この節の規定を適用する。

② 　第61条第2項の規定による投票については、投票人が投票の記載の準備に着手してから投票を記載した投票用紙を郵便等により送付するためこれを封入するまでの間における当該投票に関する行為を行う場所を投票所とみなして、第113条第1項の規定を適用する。

③ 　第61条第4項の規定による投票については、その投票を管理すべき者は投票管理者と、その投票を記載すべき場所は投票所と、その投票に立ち会うべき者は投票立会人と、投票人が指示する賛成の文字又は反対の文字を囲んで○の記号を記載すべきものと定められた者は第59条第2項の規定により賛成の文字又は反対の文字を囲んで○の記号を記載すべきものと定められた者とみなして、この節の規定を適用する。

④ 　第61条第7項の規定による投票については、船舶において投票を管理すべき者及び投票を受信すべき市町村の選挙管理委員会の委員長は投票管理者と、投票の記載をし、これを送信すべき場所及び投票を受信すべき場所は投票所と、投票を受信すべきファクシミリ装置は投票箱と、船舶において投票に立ち会うべき者は投票立会人と、投票人が指示する賛成の文字又は反対の文字を囲んで○の記号を記載すべきものと定められた者は第59条第2項の規定により賛成の文字又は反対の文字を囲んで○の記号を記載すべきものと定められた者とみなして、この節の規定を適用する。

⑤ 　第61条第8項の規定による投票については、同項の施設又は船舶において投票を管理すべき者及び投票を受信すべき市町村の選挙管理委員会の委員長は投票管理者と、投票の記載をし、これを送信すべき場所及び投票を受信すべき場所は投票所と、投票を受信すべきファクシミリ装置は投票箱と、同項の施設又は船舶において投票に立ち会うべき者は投票立会人と、投票人が指示する賛成の文字又は反対の文字を囲んで○の記号を記載すべきものと定められた者は第59条第2項の規定により賛成の文字又は反対の文字を囲んで○の記号を記載すべきものと定められた者とみなして、この節の規定を適用する。

第124条（在外投票の場合の罰則の適用）

① 　第36条第2項及び第3項に規定する在外投票人名簿の登録の申請の経由に係る事務、第62条第1項第1号に規定する在外投票に係る事務その他のこの法律及びこの法律に基づく命令により在外公館の長に属させられた事務に従事する在外公館の長及び職員並びに第36条第2項及び第3項に規定する在外投票人名簿の登録の申請の経由に係る事務に従事する者は、第102条、第111条、第112条及び第119条第4項に規定する選挙管理委員会の職員とみなして、この節の規定を適用する。

② 　第62条第1項第1号の規定による投票については、その投票を管理すべき在外公館

の長は投票管理者（第114条に規定する投票管理者に限る。）と、その投票を記載すべき場所は投票所と、その投票に立ち会うべき者は投票立会人と、投票人が指示する賛成の文字又は反対の文字を囲んで○の記号を記載すべきものと定められた者は第59条第2項の規定により賛成の文字又は反対の文字を囲んで○の記号を記載すべきものと定められた者とみなして、この節の規定を適用する。
③　第62条第1項第2号の規定による投票については、投票人が投票の記載の準備に着手してから投票を記載した投票用紙を郵便等により送付するためこれを封入するまでの間における当該投票に関する行為を行う場所を投票所とみなして、第113条第1項の規定を適用する。
第125条（国外犯）　第109条、第111条、第112条、第113条第1項、第114条から第116条まで、第119条から第121条まで及び第122条（第101条第2項又は第102条の規定に違反して国民投票運動をした者に係る部分に限る。）の罪は、刑法（明治4年法律第45号）第3条の例に従う。

第3章　国民投票の効果

第126条
①　国民投票において、憲法改正案に対する賛成の投票の数が第98条第2項に規定する投票総数の2分の1を超えた場合は、当該憲法改正について日本国憲法第96条第1項の国民の承認があったものとする。
②　内閣総理大臣は、第98条第2項の規定により、憲法改正案に対する賛成の投票の数が同項に規定する投票総数の2分の1を超える旨の通知を受けたときは、直ちに当該憲法改正の公布のための手続を執らなければならない。

第4章　国民投票無効の訴訟等

第1節　国民投票無効の訴訟

第127条（国民投票無効の訴訟）　国民投票に関し異議がある投票人は、中央選挙管理会を被告として、第98条第2項の規定による告示の日から30日以内に、東京高等裁判所に訴訟を提起することができる。
第128条（国民投票無効の判決）
①　前条の規定による訴訟の提起があった場合において、次に掲げる事項があり、そのために憲法改正案に係る国民投票の結果（憲法改正案に対する賛成の投票の数が第98条第2項に規定する投票総数の2分の1を超えること又は超えないことをいう。第135条において同じ。）に異動を及ぼすおそれがあるときは、裁判所は、その国民投票の全部又は一部の無効を判決しなければならない。
　　1　国民投票の管理執行に当たる機関が国民投票の管理執行につき遵守すべき手続に関する規定に違反したこと。
　　2　第101条、第102条、第109条及び第111条から第113条までの規定について、多数の投票人が一般にその自由な判断による投票を妨げられたといえる重大な違反があったこと。

3　憲法改正案に対する賛成の投票の数又は反対の投票の数の確定に関する判断に誤りがあったこと。
②　前項第1号の国民投票の管理執行に当たる機関には、国民投票広報協議会を含まないものとする。

第129条（国民投票無効の訴訟の処理）
①　第127条の規定による訴訟については、裁判所は、他の訴訟の順序にかかわらず速やかにその裁判をしなければならない。
②　当事者、代理人その他の第127条の規定による訴訟に関与する者は、前項の趣旨を踏まえ、充実した審理を特に迅速に行うことができるよう、裁判所に協力しなければならない。

第130条（国民投票無効の訴訟の提起と国民投票の効力）　第127条の規定による訴訟の提起があっても、憲法改正案に係る国民投票の効力は、停止しない。

第131条（国民投票無効の訴訟に対する訴訟法規の適用）　第127条の規定による訴訟については、行政事件訴訟法（昭和37年法律第139号）第43条の規定にかかわらず、同法第13条、第19条から第21条まで、第25条から第29条まで、第31条及び第34条の規定は、準用せず、また、同法第16条から第18条までの規定は、第127条の規定により憲法改正案に係る国民投票の無効を求める数個の請求に関してのみ準用する。

第132条（国民投票無効の訴訟についての通知及び判決書謄本の送付）
①　第127条の規定による訴訟が提起されたときは、裁判所の長は、その旨を、総務大臣及び中央選挙管理会に通知しなければならない。その訴訟が係属しなくなったときも、また同様とする。
②　第127条の規定による訴訟につき判決が確定したときは、裁判所の長は、その判決書の謄本を、総務大臣及び中央選挙管理会並びに衆議院議長及び参議院議長に送付しなければならない。

第133条（憲法改正の効果の発生の停止）
①　憲法改正が無効とされることにより生ずる重大な支障を避けるため緊急の必要があるときは、裁判所は、申立てにより、決定をもって、憲法改正の効果の発生の全部又は一部の停止をするものとする。ただし、本案について理由がないとみえるときは、この限りでない。
②　前項の規定による憲法改正の効果の発生を停止する決定が確定したときは、憲法改正の効果の発生は、本案に係る判決が確定するまでの間、停止する。
③　第1項の決定は、第三者に対しても効力を有する。
④　第1項の決定の管轄裁判所は、本案の係属する裁判所とする。
⑤　第1項の決定は、疎明に基づいてする。
⑥　第1項の決定は、口頭弁論を経ないですることができる。ただし、あらかじめ、当事者の意見を聴かなければならない。

第134条（国民投票無効の告示等）
①　第127条の規定による訴訟の結果憲法改正案に係る国民投票を無効とする判決が確定したとき又は前条第1項の規定による憲法改正の効果の発生を停止する決定が確定したとき若しくはその決定が効力を失ったときは、中央選挙管理会は、直ちにその旨を官報で告示するとともに、総務大臣を通じ内閣総理大臣に通知しなければならない。
②　内閣総理大臣は、前項の通知を受けたときは、直ちにこれを衆議院議長及び参議院

議長に通知しなければならない。

第2節　再投票及び更正決定

第135条
① 第127条の規定による訴訟の結果、憲法改正案に係る国民投票の全部又は一部が無効となった場合（第6項の規定により憲法改正案に係る国民投票の結果を定める場合を除く。）においては、更に国民投票を行わなければならない。
② 第127条の規定による訴訟を提起することができる期間又は同条の規定による訴訟が裁判所に係属している間は、前項の規定による国民投票を行うことができない。
③ 第1項の規定による国民投票は、これを行うべき事由が生じた日から起算して60日以後180日以内において、国会の議決した期日に行う。
④ 内閣は、国会法第65条第1項の規定により国民投票の再投票の期日に係る議案の送付を受けたときは、速やかに、総務大臣を経由して、当該国民投票の再投票の期日を中央選挙管理会に通知しなければならない。
⑤ 中央選挙管理会は、前項の通知があったときは、速やかに、国民投票の再投票の期日を官報で告示しなければならない。
⑥ 第127条の規定による訴訟の結果、憲法改正案に係る国民投票の全部又は一部が無効となった場合において、更に国民投票を行わないで当該憲法改正案に係る国民投票の結果を定めることができるときは、国民投票会を開き、これを定めなければならない。この場合においては、国民投票長は、国民投票録の写しを添えて、直ちにその憲法改正案に係る国民投票の結果を中央選挙管理会に報告しなければならない。

第5章　補則

第136条（費用の国庫負担）　国民投票に関する次に掲げる費用その他の国民投票に関する一切の費用は、国庫の負担とする。
1　投票人名簿及び在外投票人名簿の調製に要する費用（投票人名簿及び在外投票人名簿を調製するために必要な情報システムの構築及び維持管理に要する費用を含む。）
2　投票所及び期日前投票所に要する費用
3　開票所に要する費用
4　国民投票分会及び国民投票会に要する費用
5　投票所等における憲法改正案等の掲示に要する費用
6　憲法改正案の広報に要する費用
7　国民投票公報の印刷及び配布に要する費用
8　国民投票の方法に関する周知に要する費用
9　第106条及び第107条の規定による放送及び新聞広告に要する費用
11　不在者投票に要する費用
12　在外投票に要する費用

第137条（国の支出金の算定の基礎等）
① 前条の負担に係る地方公共団体に対する支出金の額は、国民投票事務の円滑な執行を確保するため、地方公共団体が当該事務を行うために必要でかつ充分な金額を基礎

として、これを算定しなければならない。
② 前項の支出金は、その支出金を財源とする経費の支出時期に遅れないように、これを支出しなければならない。

第138条（行政手続法の適用除外）　この法律の規定による処分その他公権力の行使に当たる行為については、行政手続法（平成5年法律第88号）第2章及び第3章の規定は、適用しない。

第139条（行政不服審査法による不服申立ての制限）　この法律の規定による処分その他公権力の行使に当たる行為については、行政不服審査法による不服申立てをすることができない。

第140条（特別区等に対する適用）
① この法律中市に関する規定は、特別区に適用する。
② この法律の規定の適用については、政令で定めるところにより、地方自治法（昭和22年法律第67号）第252条の19第1項の指定都市（以下「指定都市」という。）の区は市と、指定都市の区の選挙管理委員会及び選挙管理委員は市の選挙管理委員会及び選挙管理委員とみなす。

第141条（国民投票に関する期日の国外における取扱い）　この法律に規定する国民投票に関する期日の国外における取扱い（第61条第1項、第4項、第7項及び第8項の規定による投票に関するものを除く。）については、政令で定める。

第142条（国民投票に関する届出等の時間）
① この法律又はこの法律に基づく命令の規定によって総務大臣、中央選挙管理会、選挙管理委員会、投票管理者、開票管理者、国民投票分会長、国民投票長等に対してする届出、請求、申出その他の行為は、午前8時30分から午後5時までの間にしなければならない。ただし、次に掲げる行為は、当該市町村の選挙管理委員会の職員につき定められている執務時間内にしなければならない。
　1　第30条において準用する公職選挙法第29条第2項の規定による投票人名簿の修正に関する調査の請求
　2　第43条第2項において準用する公職選挙法第29条第2項の規定による在外投票人名簿の修正に関する調査の請求
② 前項の規定にかかわらず、第61条第1項、第4項、第7項若しくは第8項の規定による投票に関し国外においてする行為、第62条第1項第1号の規定による投票又はこの法律若しくはこの法律に基づく命令の規定によって在外公館の長に対してする行為は、政令で定める時間内にしなければならない。

第143条（不在者投票の時間）
① 前条第1項の規定にかかわらず、第61条第1項、第4項、第7項又は第8項の規定による投票に関し不在者投票管理者等に対してする行為（国外においてするものを除く。次項において同じ。）のうち政令で定めるものは、午前8時30分から午後8時（当該行為を行おうとする地の市町村の選挙管理委員会が地域の実情等を考慮して午後5時から午後8時までの間でこれと異なる時刻を定めている場合にあっては、当該定められている時刻）までの間にすることができる。
② 前条第1項の規定にかかわらず、第61条第1項、第4項、第7項又は第8項の規定による投票に関し不在者投票管理者等に対してする行為のうち政令で定めるものは、当該行為を行おうとする地の市町村の選挙管理委員会の職員につき定められている執務

時間内にしなければならない。
第144条（国民投票に関する届出等の期限）　この法律又はこの法律に基づく命令の規定によって総務大臣、中央選挙管理会又は選挙管理委員会に対してする届出、請求、申出その他の行為（内閣総理大臣、選挙管理委員会等が総務大臣又は選挙管理委員会に対してする行為を含む。）の期限については、行政機関の休日に関する法律（昭和63年法律第91号）第2条本文及び地方自治法第4条の2第4項本文の規定は、適用しない。
第145条（一部無効による再投票の特例）　憲法改正案に係る国民投票の一部無効による再投票については、この法律に特別の規定があるものを除くほか、当該再投票の行われる区域等に応じて政令で特別の定めをすることができる。
第146条（在外投票を行わせることができない場合の取扱い）　第62条第1項第1号の規定による投票を同号に定める期間内に行わせることができないときは、更に投票を行わせることは、しないものとする。
第147条（政令への委任）　この法律に定めるもののほか、この法律の実施のための手続及び費用の負担その他その施行に関し必要な事項は、政令で定める。
第148条（国民投票事務の委嘱）　都道府県又は市町村の選挙管理委員会が、都道府県知事又は市町村長の承認を得て、当該都道府県又は市町村の補助機関たる職員に国民投票に関する事務を委嘱したときは、これらの職員は、忠実にその事務を執行しなければならない。
第149条（投票人に関する記録の保護）　市町村の委託を受けて行う投票人名簿又は在外投票人名簿に関する事務の処理に従事している者又は従事していた者は、その事務に関して知り得た事項をみだりに他人に知らせ、又は不当な目的に使用してはならない。
第150条（事務の区分）　この法律の規定により地方公共団体が処理することとされている事務は、地方自治法第2条第9項第1号に規定する第1号法定受託事務とする。

第6章　憲法改正の発議のための国会法の一部改正

第151条　国会法の一部を次のように改正する。
　第6章の次に次の一章を加える。
　第6章の2　日本国憲法の改正の発議
　第68条の2　議員が日本国憲法の改正案（以下「憲法改正案」という。）の原案（以下「憲法改正原案」という。）を発議するには、第56条第1項の規定にかかわらず、衆議院においては議員100人以上、参議院においては議員50人以上の賛成を要する。
　第68条の3　前条の憲法改正原案の発議に当たつては、内容において関連する事項ごとに区分して行うものとする。
　第68条の4　憲法改正原案につき議院の会議で修正の動議を議題とするには、第57条の規定にかかわらず、衆議院においては議員100人以上、参議院においては議員50人以上の賛成を要する。
　第68条の5　憲法改正原案について国会において最後の可決があつた場合には、その可決をもつて、国会が日本国憲法第96条第1項に定める日本国憲法の改正（以下「憲法改正」という。）の発議をし、国民に提案したものとする。この場合において、両議院の議長は、憲法改正の発議をした旨及び発議に係る憲法改正案を官報に公示する。

憲法改正原案について前項の最後の可決があつた場合には、第65条第1項の規定にかかわらず、その院の議長から、内閣に対し、その旨を通知するとともに、これを送付する。

　第68条の6　憲法改正の発議に係る国民投票の期日は、当該発議後速やかに、国会の議決でこれを定める。

　第83条の4を第83条の5とし、第83条の3の次に次の一条を加える。

　第83条の4　憲法改正原案について、甲議院の送付案を乙議院が否決したときは、その議案を甲議院に返付する。

　憲法改正原案について、甲議院は、乙議院の回付案に同意しなかつた場合において両院協議会を求めないときは、その議案を乙議院に返付する。

　第86条の次に次の一条を加える。

　第86条の2　憲法改正原案について、甲議院において乙議院の回付案に同意しなかつたとき、又は乙議院において甲議院の送付案を否決したときは、甲議院は、両院協議会を求めることができる。

　憲法改正原案について、甲議院が、乙議院の回付案に同意しなかつた場合において両院協議会を求めなかつたときは、乙議院は、両院協議会を求めることができる。

　第87条第1項中「及び条約」を「、条約及び憲法改正原案」に改める。

　「第11章の2憲法調査会」を「第11章の2憲法審査会」に改める。

　第102条の6中「日本国憲法」の下に「及び日本国憲法に密接に関連する基本法制」を加え、「行う」を「行い、憲法改正原案、日本国憲法に係る改正の発議又は国民投票に関する法律案等を審査する」に、「憲法調査会」を「憲法審査会」に改める。

　第102条の7中「前条」を「第102条の6から前条まで」に、「憲法調査会」を「憲法審査会」に改め、同条を第11章の2中第102条の10とする。

　第102条の6の次に次の三条を加える。

　第102条の7　憲法審査会は、憲法改正原案及び日本国憲法に係る改正の発議又は国民投票に関する法律案を提出することができる。この場合における憲法改正原案の提出については、第68条の3の規定を準用する。

　前項の憲法改正原案及び日本国憲法に係る改正の発議又は国民投票に関する法律案については、憲法審査会の会長をもつて提出者とする。

　第102条の8　各議院の憲法審査会は、憲法改正原案に関し、他の議院の憲法審査会と協議して合同審査会を開くことができる。

　前項の合同審査会は、憲法改正原案に関し、各議院の憲法審査会に勧告することができる。

　前二項に定めるもののほか、第1項の合同審査会に関する事項は、両議院の議決によりこれを定める。

　第102条の9　第53条、第54条、第56条第2項本文、第60条及び第80条の規定は憲法審査会について、第47条（第3項を除く。）、第56条第3項から第5項まで、第57条の3及び第7章の規定は日本国憲法に係る改正の発議又は国民投票に関する法律案に係る憲法審査会について準用する。

　憲法審査会に付託された案件についての第68条の規定の適用については、同条ただし書中「第47条第2項の規定により閉会中審査した議案」とあるのは、「憲法改正原案、第47条第2項の規定により閉会中審査した議案」とする。

第11章の2の次に次の一章を加える。
第11章の3 国民投票広報協議会
第102条の11　憲法改正の発議があつたときは、当該発議に係る憲法改正案の国民に対する広報に関する事務を行うため、国会に、各議院においてその議員の中から選任された同数の委員で組織する国民投票広報協議会を設ける。

国民投票広報協議会は、前項の発議に係る国民投票に関する手続が終了するまでの間存続する。

国民投票広報協議会の会長は、その委員がこれを互選する。

第102条の12　前条に定めるもののほか、国民投票広報協議会に関する事項は、別に法律でこれを定める。

附則

第1条（施行期日）　この法律は、公布の日から起算して3年を経過した日から施行する。ただし、第6章の規定（国会法第11章の2の次に一章を加える改正規定を除く。）並びに附則第4条、第6条及び第7条の規定は公布の日以後初めて召集される国会の召集の日から、附則第3条第1項、第11条及び第12条の規定は公布の日から施行する。

第2条（在外投票人名簿の登録の申請等に関する特例）
① 政令で定める日前に住民基本台帳に記録されたことがある者であって、同日以後いずれの市町村の住民基本台帳にも記録されたことがないものに対するこの法律の適用については、第36条第1項中「最終住所の所在地の市町村の選挙管理委員会（その者が、いずれの市町村の住民基本台帳にも記録されたことがない者である場合には、申請の時におけるその者の本籍地の市町村の選挙管理委員会）」とあり、及び同条第3項中「当該申請をした者の最終住所の所在地の市町村の選挙管理委員会（当該申請をした者が、いずれの市町村の住民基本台帳にも記録されたことがない者である場合には、申請の時におけるその者の本籍地の市町村の選挙管理委員会）」とあるのは「申請の時におけるその者の本籍地の市町村の選挙管理委員会」と、第38条第1項中「領事官をいう。以下この項において同じ」とあるのは「領事官をいう」と、「、最終住所及び生年月日（当該在外投票人名簿に登録した者がいずれの市町村の住民基本台帳にも記録されたことがない者である場合には、その者の氏名、経由領事官の名称及び生年月日）」とあるのは「及び生年月日」とする。

② 当分の間、北方領土問題等の解決の促進のための特別措置に関する法律（昭和57年法律第85号）第11条第1項に規定する北方地域に本籍を有する者に対するこの法律の適用については、第5条中「市町村長」とあるのは「北方領土問題等の解決の促進のための特別措置に関する法律（昭和57年法律第85号。以下「特別措置法」という。）第11条第1項の規定により法務大臣が指名した者」と、「その市町村に本籍を有する者で」とあるのは「特別措置法第11条第1項に規定する北方地域に本籍を有する者で」と、第36条第1項及び第3項中「申請の時におけるその者の本籍地の市町村」とあるのは「申請の時において特別措置法第11条第1項の規定により法務大臣が指名した者が長である市又は町」と、第43条第1項中「市町村長は、その市町村に本籍を有する者で」とあるのは「特別措置法第11条第1項の規定により法務大臣が指名した者は、同項に規定する北方地域に本籍を有する者で」と、前項の規定により読み替えて適用

される第36条第1項及び第3項中「申請の時におけるその者の本籍地の市町村」とあるのは「申請の時において特別措置法第11条第1項の規定により法務大臣が指名した者が長である市又は町」とする。

第3条（法制上の措置）
① 国は、この法律が施行されるまでの間に、年齢満18年以上満20年未満の者が国政選挙に参加することができること等となるよう、選挙権を有する者の年齢を定める公職選挙法、成年年齢を定める民法（明治29年法律第89号）その他の法令の規定について検討を加え、必要な法制上の措置を講ずるものとする。
② 前項の法制上の措置が講ぜられ、年齢満18年以上満20年未満の者が国政選挙に参加すること等ができるまでの間、第3条、第22条第1項、第35条及び第36条第1項の規定の適用については、これらの規定中「満18年以上」とあるのは、「満20年以上」とする。

第4条（この法律の施行までの間の国会法の適用に関する特例） 第6章の規定による改正後の国会法第6章の2、第83条の4、第86条の2、第102条の6、第102条の7及び第102条の9第2項の規定は、同法第68条の2に規定する憲法改正原案については、この法律が施行されるまでの間は、適用しない。

第5条（地方自治法の一部改正） 地方自治法の一部を次のように改正する。
別表第一に次のように加える。

日本国憲法の改正手続に関する法律（平成19年法律第51号）	この法律の規定により地方公共団体が処理することとされている事務

第6条（国会議員の歳費、旅費及び手当等に関する法律の一部改正） 国会議員の歳費、旅費及び手当等に関する法律（昭和22年法律第80号）の一部を次のように改正する。
第8条の2中「憲法調査会」を「憲法審査会」に改める。

第7条（議院に出頭する証人等の旅費及び日当に関する法律の一部改正） 議院に出頭する証人等の旅費及び日当に関する法律（昭和22年法律第81号）の一部を次のように改正する。
第6条中「憲法調査会」を「憲法審査会」に改める。

第8条（住民基本台帳法の一部改正） 住民基本台帳法の一部を次のように改正する。
第17条の2第1項中「登録された者」の下に「及び日本国憲法の改正手続に関する法律（平成19年法律第51号）第37条第1項の規定に基づいて在外投票人名簿に登録された者」を加え、同条第2項中「とき、又は」を「とき若しくは」に改め、「抹消したとき」の下に「、又は日本国憲法の改正手続に関する法律第37条第1項の規定により在外投票人名簿に登録したとき若しくは同法第42条の規定により在外投票人名簿から抹消したとき」を加える。

第9条（総務省設置法の一部改正） 総務省設置法（平成11年法律第91号）の一部を次のように改正する。
第22条第2項中「及び」を「、日本国憲法の改正手続に関する法律（平成19年法律第51号）及び」に改める。

第10条（行政手続等における情報通信の技術の利用に関する法律の一部改正） 行政手

続等における情報通信の技術の利用に関する法律の一部を次のように改正する。
別表に次のように加える。

日本国憲法の改正手続に関する法律（平成19年法律第51号）	第36条第1項	第3条
	第37条第3項	第4条

第11条（公務員の政治的行為の制限に関する検討）　国は、この法律が施行されるまでの間に、公務員が国民投票に際して行う憲法改正に関する賛否の勧誘その他意見の表明が制限されることとならないよう、公務員の政治的行為の制限について定める国家公務員法（昭和22年法律第120号）、地方公務員法（昭和25年法律第261号）その他の法令の規定について検討を加え、必要な法制上の措置を講ずるものとする。

第12条（憲法改正問題についての国民投票制度に関する検討）　国は、この規定の施行後速やかに、憲法改正を要する問題及び憲法改正の対象となり得る問題についての国民投票制度に関し、その意義及び必要性の有無について、日本国憲法の採用する間接民主制との整合性の確保その他の観点から検討を加え、必要な措置を講ずるものとする。

別記様式（第56条関係）
次頁

備考
一　用紙は、折りたたんだ場合においてなるべく外部から〇の記号を透視することができない紙質のものを使用しなければならない。
二　二以上の憲法改正案について国民投票を行う場合においては、いずれの憲法改正案に係る投票用紙であるかを表示しなければならない。
三　投票用紙に押すべき都道府県の選挙管理委員会の印は、都道府県の選挙管理委員会の定めるところにより、都道府県の印又は市区町村の選挙管理委員会の印若しくは市区町村の印をもってこれに代えても差し支えない。
四　不正行為を防止することができる方法で投票用紙を印刷することができると認められる場合に限り、都道府県の選挙管理委員会は、その定めるところにより、投票用紙に押すべき都道府県又は指定都市の選挙管理委員会の印を刷込み式にしても差し支えない。
五　投票用紙は、片面印刷の方法により調製しても差し支えない。

表（折目）

日本国憲法改正国民投票

　　都（道府県）（市）（区）（町）（村）
　　選挙管理委員会　　印

裏（折目）

○注意
一　憲法改正案に賛成するときは、次の欄内の賛成の文字を○の記号で囲むこと。
二　憲法改正案に反対するときは、次の欄内の反対の文字を○の記号で囲むこと。
三　○の記号以外は何も書かないこと。

記載欄

| 賛成 | 反対 |

日本国憲法の改正手続に関する法律案に対する附帯決議

2007年5月11日
参議院日本国憲法に関する調査特別委員会

＊原文には見出しはないが、便宜のため筆者が付した。

決議1［国民投票の対象］
　国民投票の対象・範囲については、憲法審査会において、その意義及び必要性の有無等について十分な検討を加え、適切な措置を講じるように努めること。

決議2［成人年齢法制］
　成年年齢に関する公職選挙法、民法等の関連法令については、十分に国民の意見を反映させて検討を加えるとともに、本法施行までに必要な法制上の措置を完了するように努めること。

決議3［内容関連事項］
　憲法改正原案の発議に当たり、内容に関する関連性の判断はその判断基準を明らかにするとともに、外部有識者の意見を踏まえ、適切かつ慎重に行うこと。

決議4［国民投票期日］
　国民投票の期日に関する議決について両院の議決の不一致が生じた場合の調整について必要な措置を講じること。

決議5［官報掲載］
　国会による発議の公示と中央選挙管理会による投票期日の告示は、同日の官報により実施できるよう努めること。

決議6［最低投票率］
　低投票率により憲法改正の正当性に疑義が生じないよう、憲法審査会において本法施行までに最低投票率制度の意義・是非について検討を加えること。

決議7［在外投票］
　在外投票については、投票の機会が十分に保障されるよう、万全の措置を講ずること。

決議8［国民投票広報協議会］
　国民投票広報協議会の運営に際しては、要旨の作成、賛成意見、反対意見の集約に当たり、外部有識者等の知見を活用し、客観性、正確性、中立性、公正性が確保されるよう、十分に留意すること。

決議9［国民投票公報］
　国民投票公報は、発議後可能な限り早期に投票権者の元に届くよう配慮するとともに、国民の情報入手手段が多様化されている実態に鑑み、公式サイトを設置するなど周知手段を工夫すること。

決議10［白票数の明示］
　国民投票の結果告示においては、棄権の意思が明確に表示されるよう、白票の数も明示するものとすること。

決議11［公務員等・教育者の地位利用］
　公務員等及び教育者の地位利用による国民投票運動の規制については、意見表明の自由、学問の自由、教育の自由等を侵害することとならないよう特に慎重な運用を図るとともに、禁止される行為と許容される行為とを明確化するなど、その基準と表現を検討すること。

決議12［罰則の明確化］
　罰則について、構成要件の明確化を図るなどの観点から検討を加え、必要な法制上の措置を含めて検討すること。

決議13［スポットCM］
　テレビ・ラジオの有料広告規制については、公平性を確保するためのメディア関係者の自主的な努力を尊重するとともに、本法施行までに必要な検討を加えること。

決議14［罰則の運用］
　罰則の適用に当たっては、公職選挙運動の規制との峻別に留意するとともに、国民の憲法改正に対する意見表明・運動等が萎縮し制約されることのないよう慎重に運用すること。

決議15［憲法審査会による調査］
　憲法審査会においては、いわゆる凍結期間である三年間は、憲法調査会報告書で指摘された課題等について十分な調査を行うこと。

決議16［憲法審査会の運営等］
　憲法審査会における審査手続及び運営については、憲法改正原案の重要性に鑑み、定足数や議決要件等を明定するとともに、その審議に当たっては、少数会派にも十分配慮すること。

決議17［国民への情報提供］
　憲法改正の重要性に鑑み、憲法審査会においては、国民への情報提供に努め、また、国民の意見を反映するよう、公聴会の実施、請願審査の充実等に努めること。

決議18［合同審査会］
　合同審査会の開催に当たっては、衆参各院の自主性と独立性に鑑み、各院の意思を十分に尊重すること。

筆者プロフィール

南部 義典（なんぶ・よしのり）

1971年、岐阜県生まれ。1995年、京都大学文学部卒業。同年、国会議員政策担当秘書資格試験に合格。山花郁夫・衆議院憲法調査会幹事（当時）の政策担当秘書として、憲法改正国民投票法制の論点整理など各種立法活動を補佐。

現在、大宮法科大学院大学法務研究科在学中。国民投票法制に関わる政策を調査・研究。

国民投票法案の審議では、衆議院憲法調査特別委員会・第2回中央公聴会（2007年4月5日）の公述人、参議院憲法調査特別委員会・さいたま地方公聴会（2007年5月10日）の公述人を務めた。

Q&A解説・憲法改正国民投票法

2007年7月10日　第1版第1刷

著　者	南部義典
発 行 人	成澤壽信
発 行 所	株式会社 現代人文社

　　　　〒160-0016
　　　　東京都新宿区信濃町20　佐藤ビル201
　　　　振　替　00130-3-52366
　　　　電　話　03-5379-0307（代表）
　　　　FAX　03-5379-5388
　　　　E-Mail　hensyu@genjin.jp（代表）
　　　　　　　　hanbai@genjin.jp（販売）
　　　　Web　http://www.genjin.jp

発 売 所	株式会社 大学図書
印 刷 所	株式会社 ミツワ
カバーイラスト	後藤範行
ブックデザイン	Malpu Design（渡邉雄哉）

検印省略　PRINTED IN JAPAN　ISBN978-4-87798-344-4　C0031
©2007　Yoshinori NAMBU

本書の一部あるいは全部を無断で複写・転載・転訳載などをすること、または磁気媒体等に入力することは、法律で認められた場合を除き、著作者および出版者の権利の侵害となりますので、これらの行為をする場合には、あらかじめ小社また編集者宛に承諾を求めてください。